Albert Emil Brachvogel

Theatralische Studien

Albert Emil Brachvogel

Theatralische Studien

ISBN/EAN: 9783744647250

Hergestellt in Europa, USA, Kanada, Australien, Japan

Cover: Foto ©Thomas Meinert / pixelio.de

Weitere Bücher finden Sie auf **www.hansebooks.com**

Theatralische Studien.

Von

A. E. Brachvogel.

Leipzig,

Hermann Costenoble.

1863.

Vorrede.

Die folgenden Abhandlungen, in verschiedenen Bühnen-Zeitschriften (dem Deutschen Theater-Archiv, der Deutschen Schaubühne u. A.) bereits veröffentlicht, kann ich wohl mit gutem Grunde „Theatralische Studien" nennen, denn ich bin durch sie selbstbewußter in Dingen des Theaters und der dramatischen Kunst geworden.

Der oft rückhaltlose Freimuth, mit dem ich nach meiner Ueberzeugung das Falsche kennzeichnet, das Wahre verfochten habe, kann Niemanden, der die Kunst aufrichtig liebt, ernstlich verwunden, ja muß dem Ehrenwerthen willkommen sein. Ist dieser Freimuth doch nur eine Wirkung meiner tiefsten Begeisterung für unser sehr bedrängtes Theater,

*

dem gegenüber niemals von Haß noch Liebe, son
dern nur von der Wahrheit die Rede sein kann,
jener obersten Leiterin aller Dinge, welcher die
Redlichen stets gedient.

Was ist die Wahrheit? Ist deine Wahrheit
auch die allgemeine? —

Ich würde die theilweisen Ergebnisse meiner
bisherigen dramatischen Laufbahn nicht in dies
Buch vereint haben, wäre ich nicht durch die ehren-
volle Anerkennung von Männern hierzu ermuthigt
worden, die mir in jeder Beziehung Autorität sind
und deren langjährigem Umgange ich unendlich
viel verdanke. Sie meinten, es verlohne sich wohl,
folgende Abhandlungen der Vergessenheit zu ent-
reißen, zumal in einer Zeit der Verwirrung, wo
Künstler wie Beurtheiler es in vielen Fällen mit
Begriffen und Grundsätzen nicht sonderlich genau
nehmen und sich oft nur zu sehr dem dunklen In-
stinct des Augenblicks überlassen, der das Wahre
enthalten kann, noch öfter aber fehl geht. Was
ich bei Veröffentlichung dieses Buches wohl von
mir ohne Eitelkeit sagen darf, ist: ein treuer, wenn
auch geringer Kämpfer für die gekränkte Sache der
dramatischen Kunst zu sein. Jeder giebt eben, was
er kann, das ist sein Recht und auch seine Pflicht.
Es wird vom Schicksale dieser Blätter abhängen,

ob ich wieder einmal die alte Studienmappe auf-
thun darf.

Wohl mag es Leute geben, die in ihrer Ge-
lahrtheit ein Wenig hoch herab fragen möchten,
welche wissenschaftliche Berechtigung ich zu meinem
Buche nachzuweisen vermöchte. Gottsched und Ben
Johnsons hat es immer gegeben! Denen gegenüber
erkläre ich einfach: In allen Dingen der Welt bin
ich Autodidakt, und Niemand ist behindert, mich in
ihnen so kenntnißlos zu halten, als ihm irgend
seine Selbstzufriedenheit erlaubt, in den Angelegen-
heiten der dramatischen Dichtkunst und der theatralischen Wissenschaft indeß, für die es bekanntlich
keine akademischen Approbationen giebt, habe ich die
besten Lehrer aller Zeiten gehört und hoffe mit
einigem Verständniß, habe ferner in der Praxis
der Kunst und des Theaters die Haltbarkeit Dessen
oft genug erfahren, was ich gelernt und niederschrieb.

Außergewöhnliches und Neues enthält das Buch
kaum, sondern das Längstbekannte, da und dort
Verstreute, Ungeordnete ist nur in paßlicher Weise
und mit vielleicht erneuter Beleuchtung dargeboten.

Von einer systematischen Anordnung des Buches
und einer wissenschaftlichen Abrundung kann wohl
bei einzelnen Fragen nicht die Rede sein, welche zu
verschiedenen Zeiten, behufs der Veröffentlichung

in Zeitschriften, aus dem großen vorhandenen Material herausgegriffen und nunmehr hier nach der Reihenfolge ihrer Entstehung abgedruckt wurden. Ich unterließ es, in jedem einzelnen Falle die betreffende Quelle anzugeben, weil ich sonst den Text mit Citaten überbürdet hätte, welche doch nur für Diejenigen Werth haben, die die Quellen ohnedies genügend kennen, um sie sich an Ort und Stelle zu vergegenwärtigen. Ich wollte mir eben nicht das Ansehn einer Gelehrsamkeit geben, die jeder Kunstfreund besitzen dürfte. Um indeß nicht in den Verdacht zu kommen, fremde Federn zum eigenen Schmuck zu verwenden, seien kurz hier diejenigen Werke aufgeführt, aus denen ich mein Wissen und meine Anschauungen vornehmlich geschöpft habe. Sie sind so allbekannt, daß ich wohl hoffen darf, man wird finden, ich habe ihnen nicht gerade sclavisch nachgebetet. Es sind:

Aristoteles Poetik, übersetzt und erklärt von Adolf Stahr. Stuttgart, Kraiß und Hoffmann. 1859.

Aristoteles Rhetorik von Ebendemselben. Stuttgart, Kraiß und Hoffmann, 1862, 1. Band, und eine ältere, vollständige Ausg. von Dr. Roth.

Aristoteles Politik, 4 Bde. von Ebendemselben. Stuttgart, Kraiß und Hoffmann, 1861.

Hamburgische Dramaturgie von G. E. Lessing. Berlin, Voßische Buchhandlung, 1839.

G. E. Lessing's sämmtliche Werke von Lachmann. Leipzig, Göschen, 1854.

K. W. F. Solger's Vorlesungen über Aesthetik, herausgegeben von K. W. B. Heyse. Leipzig, Brockhaus, 1829.

System der Aesthetik von Dr. Aug. Kahlert,
Prof. in Breslau. Leipzig, Breitkopf u. Härtel,
1846.

Cyklus dramat. Charaktere von Dr. H. T. Rötscher, 2 Theile. Berlin bei Wilhelm Thome,
1844 u. 46.

Unter den vielen Schriften über das Theater,
welche in jüngster Zeit erschienen sind, denke ich,
soll meine Arbeit nicht gerade die schlechteste sein.
Möge man, wo ich in den „Studien" das Wahre
getroffen, immerhin glauben, meine obigen Lehrer
redeten aus mir, wie ich gern, wo ich irrte, allein
auf mein Haupt die Schuld nehme, sofern man eben
nur edel genug ist, mir dieselbe recht eingehend darzuthun, damit ich mich verbessern kann. Nicht daß
ich Recht habe, sondern daß Unklares klar werde,
ist die Hauptsache. Hätten diese „Studien" auch
nur das Gute, einem einzigen Strebenden in irgend
einer, selbst indirecten Weise zu dienen, dann ist

ihr Zweck überreich erfüllt. Sind wir doch Alle nur Streiter, die in der Bresche zu fallen bestimmt sind. Deshalb ist es unsere Pflicht, zu sorgen, daß hinter uns irgend Wer, wo möglich ein Besserer, in die Lücke springe! —

Berlin, im Herbst 1862.

A. E. Brachvogel.

Inhalt.

Berichtigungen.

S. 18, Zeile 5 v. unten statt „einander stehen" — zu setzen: „einander entstehen".

S. 25, Zeile 11 v. unten statt „großen künstlerischen Unterscheidungsmerkmalen" — zu setzen: „großer künstlerischer Unterscheidungsmerkmale".

S. 40, Zeile 6 v. oben statt „Kunstkenner" — zu setzen: „Kunstfreunde".

S. 93, Zeile 6 v. oben statt „auf Furcht" u. s. w. — zu setzen: „auch Furcht".

I.

Was mangelt der dramatischen Dichtkunst?

(Ein Bekenntniß, als Einleitung.)

Wenn das junge, wahrhafte Dichtertalent, von einem Stoff begeistert, zum ersten Mal den schöpferischen Griffel packt, um ohne sonderliche Vorbereitung aus der überwältigenden Fülle der Seele ein lebensfrisches Kunstgebilde hervorzuzaubern, damit es auf der Bühne heimisch werde, Leid oder Freude, Furcht, Mitleid, oder Spott und Gelächter aus unsichtbarem Füllhorn über die Beschauer ausschütte, so wird sich, dem natürlichen Gange aller künstlerischen Entwicklung gemäß, ein Monstrum gebären, das wohl von edler Begabung zeugt, aber an sich ein Nichts, weder Kunstwerk im höheren Sinne, noch ein spielbares, mit schicklicher Ausrüstung und Scenirung versehenes, aufführbares Theaterstück ist. Der Neuling wird sich sowohl mit den geistigen Gesetzen, wie der realen Ausführbarkeit in offenbarem Kampfe befinden, welcher nur mit gänzlicher Verwilderung und endlichem Zusammenbruche des an sich schönen Talents, oder der Erkenntniß endigen kann, daß der Schöpfer dieser verfehlten Arbeiten seine geträumte Selbstschätzung mäßigen, vor Allem die Regeln seiner Kunst und das Leben im Leben selber erlernen müsse. Es klingt recht schön: daß in Genie der Regeln spotten dürfe, in sich selber das Gesetz habe! Wer nur schon am Anfang seiner Laufbahn immer genau wüßte, ob er ein Genie sei! Selbst der Genius kann Dinge an sich erleben, die er wohl leicht genug vermieden hätte, wäre er sich derselben durch das Studium bewußt geworden. Die erste Frucht vom Erkenntnißbaume, welche der Musenpriester pflückt, ist der Trieb, sich mit Eifer auf alle diejenigen Schriften ästhetischen und dramaturgischen Inhalts zu werfen, welche ihm irgend Licht über das Richtige geben können; er wird die Gesetze und Erfahrungen aufsuchen und zu verstehen bemüht sein, nach welchen von Alters her alle Vorgänger gearbeitet haben und die aus den Werken unsrer Dichterheroen thatsächlich reden.

Eben so sicher, wie das keimende Talent zu allererst seine Kräfte an einer Arbeit versucht, eben so ge

wiß wird es dann die Nothwendigkeit des Studiums
anzuerkennen gezwungen sein. Den umgekehrten
Fall giebt es nicht!

Um die Geheimnisse der Kunstlehre, des Schönen,
den wahren Sinn Dessen, was z. B. tragisch oder
komisch heißt, in ganzer Tiefe nicht nur gedanklich zu
verstehen, sondern auch lebendig zu empfinden, kurz
die Wahrheit untheilbar mit einem Blicke zu erfassen,
dazu gehört eben schon dichterische Gestaltungsgabe.
Die Erkenntniß, welche dem echten Poeten aus der
Dramaturgie erwächst, ist klarer, tiefer, unmittelbarer,
als die, welche dem bloßen, wenn noch so scharfen
Denker, der nicht zu gestalten weiß, daraus fließen
mag. Das Eigene dieser Gesetze und Lehren besteht
eben darin, daß sie nicht sowohl erklärt, umschrieben
und bewiesen, als vor allen Dingen lebendig in ihrer
Wahrheit gefühlt sein wollen. Die Dramaturgie
kann nur alle poetischen Triebe im Künstlergeiste
wecken, aufhellen, ordnen, ihm selbstbewußt machen;
dieselben aber, wo sie gar nicht da sind, zu erschaf=
fen, ist kein Gesetz der Welt, kein Beispiel William
Shakespeare's im Stande, eben so wenig wie Kennt=
niß von Form und Farbe, Anatomie und Falten=
studien trotz größter Uebung einen Raphael schaffen,
obwohl man ohne dieses Wissen nimmer ein Raphael
sein kann.

Das zweite Entwickelungsstadium des Drama=
tikers ist somit das Studium der Dramaturgie. Er
wird die Poetik, Rhetorik und Politik des Aristoteles,
Lessing's Dramaturgie, Solger's Aesthetik, Rötscher's
Charakteristiken, alle Schriften über allgemeine Kunst=
gesetze, welche von Kant bis Hegel erschienen, alle
Schätze theatralischer Forschung und Erfahrung,
welche von Schlegel und Tieck bis Adolf Stahr ver=
öffentlicht wurden, sich zu eigen machen, wird endlich
in den dramatischen Dichtungen aller Klassiker die
Anwendung Dessen zu finden streben, was er als Ge=
setz des Schönen bereits erkannt, als dramatischen
Lehrsatz erfaßt hat.

Das Talent muß nothwendig in allen diesen, oft
so bewundernswerthen, Schriften, besonders in Les=
sing, eine ungeheure Fülle der wichtigsten und un=
trüglichsten Kunstwahrheiten finden, sein Geist wird
sich läutern, selbstbewußter, klarer werden, der Dichter
selbst wird tiefer fühlen, noch reiner glühen.

Je gewissenhafter, umsichtiger und emsiger er sich
aber auch in die weitverzweigte Literatur der drama=
turgischen Wissenschaft und des Theaters vertiefe, je
schneller und sicherer er sich dieses ganze Gebiet zum
geistigen Besitz erobern mag, desto eher und heftiger
kommt unwillkürlich ein Schmerzgefühl über ihn, eine
nicht zu überwältigende, immer wachsendere Rathlosig=

keit und Verzweiflung, Etwas von jenem tragischen
Bewußtsein, welches Fauſt in den Ausruf legt:

> „Und fühle, daß wir nichts wiſſen können! —
> Das will mir ſchier das Herz verbrennen!"

— Warum?! — Wodurch?! —

Wenn wir ringsum auf alle Gebiete menſchlicher
Thätigkeit ſehen, ſei's Wiſſenſchaft, Induſtrie, oder
ſeien es die vier anderen Schweſterkünſte: Malerei,
Sculptur, Muſik und Baukunſt, ſo tritt uns doch in
allen ein ziemlich feſtgeſchloſſenes Lehrgebäude, oder
mindeſtens eine Reihe ſich gegenſeitig ergänzender
Wiſſenſchaften, mindeſtens aber Methode entgegen,
durch welche man ſich ſämmtliche Hülfsmittel einer
Kunſt aneignen, ſie theoretiſch begreifen oder in irgend
einer Weiſe praktiſch ausüben lernen kann. Der
Maler und Bildhauer, um Beiſpiele anzuführen, hat
die Anatomie, Phyſiologie, die Lehre von Farbe, Licht
und Schatten, von Faltenwurf und Perſpektive, ferner
die Hülfswiſſenſchaften der Völker=, Koſtüm= und
Naturkunde zur Grundlage ſeines Schaffens. Der
Muſiker beſitzt Geſangs=, Inſtrumental=, Kontra=
punkts= und Fugenlehre, hat feſtſtehende Kunſt=
formen und Begriffe. Noch mehr trifft dies bei der
Architektur zu. Kurz, jede Kunſt hat eine meiſt
vollſtändige, abgeſchloſſene Wiſſenſchaft, welche ihr
allein eigen iſt, zur Grundlage.

Die Poesie allein, zumal die dramatische Poesie, entbehrt derselben!

Man rede mir nicht ein, daß es eine Versbau=lehre u. s. w., einen reichen Schatz glänzender Erfah=rungen gerade auf dramatischem Gebiete gäbe. Ein=zelne Lehren, Erfahrungssätze, Beispiele hat es genug, aber eine in sich ausgebaute Wissenschaft des Dramas? Nimmermehr! —

Der junge Maler, Musiker, Bildhauer oder Archi=tekt hat seine Kunst zu erlernen und nach seinem Talent alsdann frei auszuüben. Er findet eben eine Schule, Methode, kurz alles Wissenswerthe bereits vor, und macht er sich das zu eigen, hat er Begabung, so kann er nimmermehr irren. Dabei ist eine Er=weiterung der Kunst und ihrer Wissenschaft selbst=redend zugegeben, denn im Leben ist Alles Wandlung. Das ist ja das Schöne im Leben.

Der dramatische Dichter findet aber nur ein Chaos von Dogmen, eine Menge ungeordneter, oft in den Hauptsachen grell einander entgegengesetzter Wahrheiten vor, eine harmonische Wissenschaft nicht. Er muß sich, will er mit einigem Bewußtsein schaffen, seine eigene Wissenschaft, seine Art der Dramaturgie erfinden. Daran aber gehen Tausende von wirklichen Talenten zu Grunde, nur weil vor ihren Augen die Gesetze schwanken und sich verwirren, welche ihnen

den Maßstab des Richtigen und Wahren bei Aus-
übung der Kunst geben sollen.

Wenn somit die Kritik den dramatischen Dichter,
trotz allen Talentes, ohne Erbarmen mit Geißelhieben
belohnt, ist sie um so ruchloser, als sie am Besten
wissen muß, daß dem Dichter nicht die organisch ge=
gliederte Wissenschaft eines Architekten oder Musikers,
ja, daß ihr, der Kritik selber, die vollständige Wissen=
schaft der Dramaturgie bei ihrem Richteramte fehlt,
sie sich oft genug auf gar Nichts weiter bei ihrer Be=
urtheilung verläßt, als nur auf jenen, in der Vorrede
schon bezeichneten, dunklen Instinkt, den jeder Infasse
des dritten Ranges eben so gut haben kann, wenn er ihn
auch nicht nach grammatisch=syntaktischen Regeln aus=
zusprechen vermag, und Ankläger wie Angeklagter nach
sehr verschiedenen und doch berechtigten Grundsätzen
in der Kunst handeln mögen, ohne das Wesen der
Schönheit selbst irgendwie zu verletzen. Oder sind,
beispielsweise, die Fragen gelöst:

„Was ist Idee, was ist Tendenz im Drama?" —

„Was heißt tragische Leidenschaft?" —

„Was ist historisch oder unhistorisch im Sinne
des Theaters?" —

„Wo ist Ueberraschung, wo nicht verwerflich?" —

„In wie fern darf der Zufall eine Rolle spie=
len?" —

„Was ist ein passiver, was ein aktiver Charakter auf der Bühne?" —

„Soll Leidenschaft oder idealer Zweck den Helden zum Unter- oder Ausgang führen, oder Beides, und wie so?" —

Sind, man antworte offen, diese und tausend andere Fragen in der Dramaturgie gelöst? — Nein! —

Ist das eine in sich klare Wissenschaft, die widersprechende Wahrheiten hat? — Nein! —

Verdient die Kunst gerade darum die härteste, absprechendste Art der Beurtheilung, weil sie das Unglück hat, gerade diejenige zu sein, in welcher der Uebergang von Theorie zur Praxis, der Unterschied zwischen abstrakter Schöpfung durch das Wort und reeller Verkörperung durch die Bühne am schwersten und größten ist? Wiederum: nein! Und doch glaubt ein Jeder, es sei die leichteste Sache von der Welt, über ein Drama zu richten! — Gewiß hat der Beschauer, sei er, wer er wolle, das Recht, zu sagen: „dies gefällt mir, oder gefällt mir nicht", aber der Kritiker, welcher das Urtheil und den Geschmack des Publikums bilden, dem Schauspieler und Dichter ein öffentlicher Lehrer sein soll, muß ihm genau sagen können, „warum" ihm etwas gefällt oder nicht gefällt, muß sagen können, auf welches dramaturgische Wissen er sein Gefallen oder Mißfallen stützt,

muß endlich sagen können, wie das Schlechte besser
zu machen sei, oder er ist ein Schwätzer ohne Ge=
wissen!

Der dramatische Dichter weiß von einer, seiner
Kunst allein eigenen, in allen Theilen klaren, zusam=
menhängenden Wissenschaft gar wenig, und was er bei
allem Fleiße davon erwerben kann, ist eben lücken=
haft, muß von ihm durch ein selbstgeschaffenes Lehr=
gebäude erst ergänzt, geeint und geordnet werden.

Wohl hat Aristoteles eine Poetik geschrieben, deren
hohe Weisheit der Sockel unserer Erkenntniß ist, —
sein Werk ist indeß unvollendet, die Echtheit vieler
und wichtiger Stellen ist noch heute den Philologen
ein Zankapfel; endlich hat Aristoteles eine vorchrist=
liche Anschauung, die oftmals mit der unseren streitet
und den Gebrauch mancher seiner Kunstgesetze in
Frage zu stellen scheint.

Wohl hat Lessing eine Dramaturgie, ein Wunder=
werk an Klarheit geschaffen; aber die verschiedenen
Resultate dieses größten aller Denker sind, je nach
dem zu beurtheilenden Objekte entstanden, verstreut,
und können keinen Gesammtorganismus darstellen.
Die Hamburgische Dramaturgie blieb auch bekanntlich
ebenfalls unvollendet, und wie sehr Lessing schon an
der Grenze der romantischen Richtung steht, die sich
bereits im „Nathan" spiegelt, ist er doch noch unge=

theilt Anhänger des Aristoteles allein, der die „Lei=
denschaft" als Sitz der tragischen wie komischen
Schuld annimmt. Er hat somit schon theilweise
dramaturgische Ideen ausgeübt, die in seinem Codex
noch nicht standen.

Die sogenannte romantische Epoche Schlegel's
und Tieck's ferner, philosophisch von Solger vertreten
und zur Einheit gebracht, ist starre Gegnerin des
Aristoteles, somit auch großentheils Lessing's, und
schließt Wahrheiten aus, welche wir uns bereits that=
sächlich zu eigen machten, ohne daß wir doch die Mei=
nung irgend einer Parthei des offenbaren Irrthums
zeihen können. Endlich ward gar die Tendenz Mode
und verrann mit dem Begriffe der tragischen oder
komischen Idee, und nun sind wir so glücklich, in
einem Chaos zu leben, in welchem meist nur in's
Blaue gedichtet und recensirt wird, ohne daß man zu
sagen wüßte, ob Einer in Wahrheit überhaupt irgend
welchem Kunstgesetze huldige, so daß wir es an ihm
consequent wahrzunehmen vermöchten.

Wer wahrhaft Künstlerehre und heißes Streben
zum Edleren in sich fühlt, wem es Wehe um's Herz ist,
daß Tausende schöner Talente in diesem Strudel von
Nichtwissen, Versuchen, Zweifeln und Verzweifeln
ohnmächtig untergehen, wer bei der Feier Schiller's
sein Blut sieden, seine Brust sich sehnend weiten

fühlte der besseren Zukunft, der neuen künftigen
Literaturepoche entgegen, die er freilich nicht mehr
erlebt, der trete her und bekenne: daß der dramatische
Dichter die lückenhafteste aller Kunstwissenschaften
hat, und daß diesem Uebelstande, so weit unsre Kraft
eben reicht, abgeholfen werden muß, soll die Kunst
selber nicht ganz verflachen. Helfe Jeder an diesem
Werke bauen, suche Jeder selbstsuchtslos jedes Talent
zu pflegen, zu läutern und glaube er nur: in der
Freiheit, Klarheit und der idealen Neuerhebung des
Ganzen auch die des Einzelnen zu finden! Jeder wird
sich in diesem Beginnen Kränze flechten, wenn auch
nur unsichtbare, aber unvergängliche!

II

Wodurch erreichen Tragödie und Comödie ihren Zweck?

Indem Verfasser auf voriges Kapitel Bezug nimmt, will er die beiden ersten hervorstechendsten Wahrheiten in der Dramaturgie, welche einander entgegengesetzt sind und dennoch unläugbare Gültig= keit haben, einer Betrachtung unterziehen und er= örtern: ob man nur Eine von Beiden wählen könne und welche, oder aber ob es möglich sei, beide wider= sprechende Wahrheiten zu vereinen und in welcher Art dies zu erreichen sei?

Die erste Frage bei einer Sache, welche betrachtet werden soll, ist die: was ist sie? — die zweite: welchen Zweck hat sie? — und endlich: wodurch erreicht sie denselben? Fragen wir eben so bei der Tragödie und

Comödie, als den beiden Hauptarten der dramati=
schen Dichtung, so sind die beiden ersten Fragen:
„was ist eine Tragödie und eine Comödie", und:
„welchen Zweck hat Jede von Beiden" — wohl längst
erledigt, so daß über deren Beantwortung von den
ältesten Zeiten bis heute alle urtheilsfähigen Stim=
men einig sind, etwa die Tendenz=Dichter ausge=
nommen.

Die letzte Frage aber: wodurch die Tragödie und
Comödie ihren Zweck erreiche, hat eine zwiefache
Lösung, von der die eine der andern zu widerstreiten
scheint. An sie knüpft sich jedoch die ganze Ausfüh=
rung, das heißt die Dichtung selbst; denn wenn ich
eine Sache machen will, so genügt nicht allein zu
wissen, was sie ist und welchen Zweck sie hat, sondern
auch hauptsächlich: wodurch letzterer erreicht, die
Dichtung selbst bewirkt werde?

Diese Frage, welche so recht eigentlich eine Streit=
frage ist, soll in folgenden Zeilen nach Kräften an's
Licht gezogen werden, denn dieselbe endgültig ein für
alle Mal erörtern, heißt unsere ganze, lückenhafte,
dramaturgische Wissenschaft, somit unsre jungen,
aufstrebenden Talente selbst aus dem allerärgsten
Dilemma ziehen. Zu glauben, daß ihm diese große
Aufgabe gelingen werde, ist der Verfasser gewiß am
Allerfernsten, aber indem er sie zur Besprechung

bringt, alle Gründe der Kunstfreunde für und wider in die Schranken treten können, dürfte man doch hoffen, daß ihrer Lösung näher gerückt werde.

Um die Frage: „wodurch erreicht die Tragödie und Comödie ihren Zweck?" zu behandeln, ist indeß nöthig, die beiden ersten Fragen, so endgültig sie auch entschieden sind, noch einmal kurz und übersichtlich zu beantworten, weil sie die Voraussetzung Dessen sind, ohne welches die letzte Frage überhaupt gar nicht gestellt werden kann.

Die Tragödie ist: die Darstellung einer ernsten, erschütternden Begebenheit durch gegenwärtig handelnde Personen, welche Furcht und Mitleid erregt.

Die Comödie ist: die Darstellung einer scherzhaften, erheiternden Begebenheit durch gegenwärtig handelnde Personen, welche Lachen erregt.

Zweck der Tragödie ist: indem sie eben Furcht und Mitleid im Beschauer erregt, diese Furcht und dieses Mitleid selber in ihm zu reinigen, das heißt auf das sittlich vernünftige Maß zu führen, wie in demselben zu stärken.

Zweck der Comödie ist: indem sie eben das Lachen des Beschauers erregt, das Lachen desselben, das heißt die Eigenschaft: Dinge lächerlich zu finden, zu reinigen, auf ihr sittlich vernünftiges Maß zu führen, wie in demselben zu stärken.

Die letzte Frage ist nun: wodurch wird Das er=
reicht, und sie ist eben streitig. —

Man könnte leicht meinen, dies „Wodurch“ sei
bald beantwortet, denn das Mittel sei bereits durch
den oben ausgesprochenen Zweck angegeben. Wenn
nämlich gesagt wird, die Tragödie errege Furcht und
Mitleid, um Furcht und Mitleid zu reinigen, die
Comödie Lachen, um das Lachen zu reinigen, so wäre
ja damit ausgesprochen, daß Erregung von Furcht
und Mitleid oder des Lachens eben das Mittel sei,
Furcht und Mitleid u. s. w. zu reinigen. Somit
würde Zweck, und Mittel zum Zweck (in der Tragödie
oder Comödie) Eins sein. Es ist wohl aber Jedem
einleuchtend, daß keine Sache Werkzeug und zu gleicher
Zeit Erzeugniß desselben Werkzeugs sein kann, wenn
auch Werkzeug und Werk eine nahe Verwandtschaft
haben. Die Erregung von Furcht und Mitleid wie
des Lachens ist ein Resultat der Tragödie (Comödie),
die Reinigung die unmittelbare Folge des Resultats;
aber wodurch diese Erregung bewirkt wird, das Werk=
zeug, ist nicht etwa wieder Mitleid und Furcht oder
Lachen; — es sei denn, daß man etwa die Leiden=
schaft der Furcht, des Mitleids oder Lachens selbst,
als auf der Bühne thätig, vorstelle. — Bevor im
Beschauer diejenigen Affekte eintreten, die eben erregt
werden sollen, muß ein Erregendes da sein, welches

die schlummernden Affekte, Furcht und Mitleid wie
Lachen im Beschauer erweckt. Wir müssen erst Etwas sehen, von Außen auf uns Eindringendes empfinden, kurz auf dem Theater Etwas erleben, wonach
Furcht und Mitleid oder Lachen unausbleiblich ist,
wenn wir überhaupt zu beiden Empfindungen genöthigt sein sollen.

Wir können dies aber nur an einer Handlung
oder Begebenheit erleben, die eben Furcht und Mitleid wie Lachen erweckend geartet ist. So eine Begebenheit oder Handlung ist aber die Tragödie oder
Comödie selbst, kann also doch nicht wiederum Werkzeug ihres eigenen Daseins sein.

Wie nun ohne Handlung keine Erregung der
Affekte des Zuschauers möglich ist, so ist auch keine
Handlung ohne Individuen möglich, welche diese Handlung vollziehen. — Die verschiedenen Lebensbeziehun-
gen der Menschen zu einander treten durch Handlungen und Begebenheiten in die Erscheinung, und
Alles, wodurch Menschen zu einander in irgend eine
Beziehung, Thätigkeit oder Lage kommen, ist Handlung oder Begebenheit. Der Unterschied zwischen
Handlung und Begebenheit ist nur der, daß Handlung diejenige Beziehung des Menschen ist, in welche
er sich selber zu Anderen setzt, also Das, was er thut;
Begebenheit diejenige Beziehung des Menschen, in

welche er zu Anderen gesetzt wird, also Das, was mit ihm geschieht.

So wären denn die handelnden Personen die Mittel, durch welche die Handlung bewirkt wird, welche Furcht und Mitleid (Lachen) erregen, resp. reinigen soll? — Nein! — Auch die bloßen Personen, welche handeln, sind eben so wenig wie die bloßen Begebenheiten die Mittel, wodurch der tragische oder komische Zweck sich erfüllt, sonst müßte eben jede Person und jede Begebenheit dazu geeignet sein, so gut wie all' und jede Erregung von Furcht und Mitleid oder Lachen dieselben Leidenschaften stets im Beschauer reinigt.

Es kommt also schließlich auf die Art der Personen an. Diese Personen, welche eine tragisch oder komisch wirkende Handlung begehen sollen, müssen also bestimmte Qualitäten an sich haben, ein Etwas, welches ihnen innewohnt, das sie zur Handlung treibt und an sich schon, ohne die speciellen Personen und die specielle Handlung, Furcht und Mitleid oder Lachen erweckend ist, und diese magische Eigenschaft nur durch die zur Handlung getriebenen Personen in die Erscheinung setzt, um sie auf's Schlagendste zu beweisen.

Dieser eigenthümlichen Qualitäten giebt es zweierlei. Beide Qualitäten sind dieselben im Lustspiel wie Trauerspiel, sind die einzigen, welche zum Zweck

des Kunstwerks führen, aber jede dieser Qualitäten
ist der andern scharf entgegengesetzt, schließt, so scheint
es, dieselbe aus, und hier läge somit die entscheidende
Frage. Diese beiden Eigenschaften, welche den han=
delnden Personen innewohnen müssen, wenn der
Zweck des Kunstwerks jeder der beiden Arten erreicht
werden soll, sind: die Leidenschaft und die Idee.

Es leben zwei allwaltende Kräfte in uns, zwei
Daseinsformen, zwei Welten, das Gefühl und der Ge=
danke, die derbe Lebenslust und die abstracte Idealität.

Die Thätigkeit des Gemüths nach einer bestimm=
ten Richtung hin, wenn sie Alles überwallt, den gan=
zen Menschen ausschließlich im guten oder schlechten
Sinne ergreift, ist Leidenschaft. Die Thätigkeit des
Geistes, wenn sie ausschließlich auf Eins sich richtet,
dieses Eine im guten oder schlechten Sinne mit Aus=
schließung alles Anderen ergreift, ist Idee. Die Lei=
denschaft im alleräußersten Stadium kann Verbrechen
oder Lächerlichkeit, die Idee an ihrer allerletzten
Grenze kann Wahnsinn oder Thorheit werden. Lei=
denschaft und Idee sind wie zwei Naturen in uns, die
oft aus einander stehen und doch von Grund aus
verschieden sind. Eins bekämpft das Andere, Eins
ergänzt und zerstört, belebt und erdrückt das Andere,
es sind zwei Liebende, die sich tödtlich hassen und doch
im Tode noch glühend küssen.

Es wird wohl hier nicht erfordert, die Leidenschaft
oder die Idee etwa am einzelnen Menschen näher zu
beschreiben; es handelt sich ja nicht darum, zu sagen,
wie sich die Leidenschaft oder Idee äußert, — das ist
auch Sache des Poeten selbst, — sondern daß Beide,
oder Eins von Beiden, sobald sie in handelnden Per=
sonen des Drama's tragischer oder komischer Gattung
zur Erscheinung kommen, den Zweck dieser Dich=
tungsart erfüllen müssen. Was hier zu näherer
Charakterisirung von Leidenschaft und Idee drama=
turgisch noch nöthig scheint, wird in der folgenden
Betrachtung am Besten seine Stelle finden, wo von
der historischen Entwicklung dieser beiden Mittel
dramatischer Kunst die Rede ist, welche zugleich ein
Theil der Geschichte des Drama's selbst ist. Auf sie
hat der Verfasser bereits andeutungsweise im vorigen
Kapitel hingezielt, und indem er hier dieselbe deut=
licher auseinandersetzt, wird zugleich die Darlegung
des allgemeinen Wesens der Leidenschaft und Idee,
wie er hofft, erleichtert.

* * *

Die Dramaturgie, also die Lehre von den Gesetzen
der dramatischen Dichtkunst, hat in ihrem Jahrtau=
sende langen Leben bis heute drei deutliche Stadien
zurückgelegt.

Das erste ist die Aristotelische Epoche, die Zeit

2*

des antiken Drama's, das zweite die S h a k e s p e a r e =
L e s s i n g'sche Epoche, die Zeit der eigentlichen Roman=
tik, das dritte ist die S ch l e g e l = T i e d'sche, besser ge=
sagt die S o l g e r'sche Epoche, die Zeit der modernen
Romantik, gewöhnlich immer ausschließlich die ro=
mantische genannt.

Ein viertes, modernes Stadium, (das der Pseudo=
Romantiker sei, als rückschreitend, nicht mitgezählt,)
giebt es nicht, denn wir stehen, ähnlich der seligen
Godschedin, in einem Chaos, wo es, wie bei dieser
Dame, Grundsatz zu sein scheint: „daß die Ehre,
welche man bei Anfertigung theatralischer Stücke er=
werben könne, allezeit nur sehr mittelmäßig ist," also
der Geldprofit allein zu solcher „Anfertigung" er=
muntere. Für dieses stolze Dogma finden wir jetzt
leider auch Priester an allen Orten.

Es ist hier nicht der Ort, davon zu sprechen, wie
viel von A r i s t o t e l e s' Poetik verloren ging, ob dieses
Werk von dem Stagiriten selbst geschrieben, oder ein
unvollständiges, gedrängt gefaßtes, corrumpirtes
Collegienheft eines seiner Hörer sei; dies bleibe dem
Forum der Philologen. Bewiesen ist, und Lessing
sagt es oft genug, daß diese Poetik entschieden das
Lehrgebäude des Aristoteles sei und wir das daran
Fehlende als einen unersetzlichen Verlust zu beklagen
haben. Bewiesen und von Lessing siegreich behauptet

ist ferner, daß Dasjenige, was wir in der Poetik von dem Philosophen besitzen, uns, bei gewissenhaftem Studium, über das Fehlende immerhin noch genügend belehren könne.

Das Mittel nun, dessen die Alten sich zur Errei=chung des Zweckes ihrer Dramen bedienten, war einzig die Leidenschaft. Dies geschah dergestalt: daß die dem Handelnden innewohnende Leidenschaft (das menschliche Wesen der Alten überhaupt) mit der gött=lichen Bestimmung, dem Schicksal (Fatum), der Alles niederdrückenden Autorität, weß Namens oder welcher Form sie sei, in Widerspruch, Kampf (Conflict) trat, sich an ihr verschuldete und diese Verschuldung nur durch Aufgeben des menschlichen Daseins oder Unter=ordnung desselben zu Gunsten der Autorität bezahlte und versöhnte. Die menschliche Leidenschaft und Nichts weiter, im Kampfe mit dem göttlichen Gesetz erliegend, war für die alte Tragödie das Mittel, Furcht und Mitleid im Herzen ihrer Zeitgenossen zu wecken und somit zu reinigen. Indem sich das voll=zog, ward damit vom Theater herab eine wahrhaft religiöse Handlung in antikem Sinne, eine echte Gottesverehrung in anderer Form begangen, und mit Recht pflegte daher der antike Staat sein Theater als eine politisch=religiöse Bildungsanstalt für das Volk. Je freier die Leidenschaft in den handelnden

Perſonen auftrat, je menſchlich-berechtigter ſie ſich
dem ſtarren Geſetz über ihm entgegenſtämmte, deſto
erſchütternder, wirkungsvoller und zweckentſprechender
war dieſer Gottesdienſt und reinigte in Hellas' Herzen
Furcht und Mitleid, indem er dem Furcht- und
Mitleidloſen zeigte, daß Niemand ungeſtraft
die Götter beleidige und man doch ſo leicht im Leben,
ganz arglos ſelbſt, dazu kommen könne, die Nemeſis
auf ſich oder Andere zu laden, alſo Furcht und Mitleid dem Sorgloſen ſtets noththue, andererſeits aber
Dem, welcher zu viel Furcht und Mitleid hegte, be-
wies, daß alle Anderen, ſelbſt die Beſten, eben ſo wie
er des Geſchickes Mächten unterthan ſeien und übertriebene Furcht und Mitleid eben ſo wenig vor dem
Verhängniß ſchütze, ja demſelben noch deſto eher in
den Rachen treibe! — Dieſe Anſchauung, welche das
ganze Leben der Alten durchdrang, verlieh ihnen jene
würdevolle Ruhe, jenen ernſten Glauben, jene Heiter-
keit zugleich, welche ſich um das eigene Geſchick nicht
zu viel und nicht zu wenig ſorgte, ſondern bei allen
Lagen in den Gleichmuth der Tugend hüllte. Der
Kampf der menſchlichen Leidenſchaft gegen die ewigen
Götter geht durch's ganze klaſſiſche Drama, wie die
Sehnſucht: ſich vom Fatum los- und zu freier Per-
ſönlichkeit emporzuringen, das ganze Alterthum durch-
zieht. Aus dieſem Grunde und weil ihm die Leiden-

schaft allein Mittel zu tragischer Schuld, tragischer
Handlung und deren Endzweck ist, legt Aristoteles
auch der guten Schilderung dramatischer Charaktere
Werth bei. Die Mannigfaltigkeit menschlicher Lei=
denschaften war der Monotonie des Fatums gegen=
über um so wesentlicher, weil erstere allein auch die
Mannigfaltigkeit und Bewegtheit der Handlung er=
möglichte. Den Griechen war auch nicht etwa die
Darstellung des ganzen vollständigen Menschen Be=
dingung, sondern vornehmlich nur die Darstellung
der durch ihn personificirten Leidenschaft, also Das,
was die Opposition, den Kampf gegen das Fatum,
mithin die Handlung erzeugte. Der Mensch ist ihnen
nur Werkzeug seiner Leidenschaft, welche nach Außen
hin streitet, irrt und die Handlung vollendet. Die
Leidenschaft, im Menschen ergreifend dargestellt,
nennt das Alterthum einen guten Charakter gegeben
haben.

Leidenschaft also ist's, wodurch die Antike den tra=
gischen Zweck erreichte; eine tragische Idee kennt sie
nicht, und eben so wenig Aristoteles.

Man wende nicht ein, die Alten hätten sie doch!
Ihre Idee sei eben: daß der endliche Mensch mit
seinem Wollen und Fühlen, mit bester Vorsicht nie
dem göttlichen Rathschluß entrinnen könne. An sich
ist das wohl eine Idee, aber bei den Alten war es

keine specielle Kunst=Idee, sondern die allgemeine
Idee ihrer ganzen Zeit, ihr Glaube, die moralische
Voraussetzung ihres Lebens und aller ihrer bürger=
lichen Einrichtungen. Was nun als allgemeine
Grundlage einer ganzen Epoche gilt, bereits in die
Wirklichkeit des Daseins übergegangen, somit that=
sächlich geworden ist, ist keine specifische Idee im
Sinne des Kunstwerks mehr, und was eben Allem
als gleiche Basis dient, hört auf, besonderer und
eigenthümlicher Zweck eines Einzelnen zu sein. Es
wäre eben so, als wenn man unser Christenthum,
welches Grundlage unserer ganzen späteren Welt=
und Lebensordnung, somit auch unseres Drama's
wurde, als die besondere Idee des Letzteren bezeichnen
wollte. Das aber ist doch sonnenklar, daß die Idee
einer Sache ihr eigenthümlich sein müsse.

*　　*　　*

Die zweite Epoche, welche wir die Shakespeare=
Lessing'sche genannt, hat gleichfalls die Leidenschaft
und nur sie, niemals die Idee als Mittel zum höch=
sten Kunstzweck. —

Der Christusglaube hat uns den einigen Gott der
Liebe, Erlösung von dem Verhängniß gebracht. Wir
wissen, daß selbst der verkommenste Mensch in Reue
und Besserung sich seinem Gott und der Mitwelt
versöhnen kann, eine liebevolle Gnade ihn jenseit des

Grabes erwartet. Diese Versöhnung im Jenseits ist
aber keine solche, welche die dramatische Kunst brauchen kann, die es allein mit der Erde zu thun hat.
Aber durch den Erlöser wurden die Menschen aus den
Klauen der Vorherbestimmung („dem Fluch des Gesetzes," sagt die Bibel,) gerissen und auf ihre eigene
freie Persönlichkeit gestellt, und Jeder angewiesen,
seinen eigenen Charakter selbst zu schaffen; dadurch
aber zu Gottes Kind und Ebenbild gestempelt, war
fortan auch Jeder befähigt, sein eigenes Geschick zu
machen und die Verantwortung seiner Handlungen zu tragen. Indem nun die Menschennatur dadurch
freier wurde, ward es auch die menschliche Leidenschaft, somit in den Dramen die tragische und komische. Bei den Alten hat dieselbe, trotz noch so
großen künstlerischen Unterscheidungsmerkmalen, in
allen Dramen etwas Gemeinsames und zwar die
Form einer Opposition gegen das Schicksal. Dies
verleiht der tragischen Leidenschaft der Alten eben das
Gigantische, Aufstachelnde, Rationelle, begünstigte
aber auch eine gewisse gegenseitige Aehnlichkeit, das
Colorit des düstern Grolls gegen die unsichtbaren
Gewalthaber über das Dasein. — Daß ein tragischer
Held, z. B. durch den arglos lebensprühenden Leicht-
sinn (wie Egmont), durch Eifersucht (Othello) oder
Stolz, Liebe oder Haß an sich in tragische Schuld

kommen könne, ist den Alten unmöglich. Die Leiden=
schaft muß an den Göttern, nicht am Träger der
Leidenschaft selber sich verschulden, deswegen sind die
Charaktere des alten Drama's für uns menschlich
besser; im Sinne der Alten waren sie religiösfrevent=
licher als uns're. Wo die antiken Leidenschaften im
Drama auftreten, sind sie nur eine Form des erbit=
terten, unterdrückten Freiheitsgefühls, das sich dem
Unterdrücker, dem Geschick entgegenstämmt, zu eigenen
oder And'rer Gunsten, und somit verschuldet. — Das
Fatum als Sittengesetz ist durch den christlichen
Glauben überflüssig und unmöglich geworden. Dieses
Sittengesetz, dieser Zügel des Menschen, ist fortan in
ihn selbst verlegt. Er trägt in sich das freie Maß
seines Glückes oder Elends, er ist sein eigenes Fatum,
während das Sittengesetz der Alten außer ihnen lag.
Dadurch sind, wenn sie auch in mancher Beziehung
weniger titanenhaft zu sein scheinen, weil ihnen die
Opposition gegen den Himmel abgeht, unsere tragi=
schen Charaktere aber freier, allseitiger, in sich selbst
umfangreicher und menschlich ergreifender geworden,
als bei den Alten. Was sie an mystischem Giganten=
thum einbüßen, gewinnen sie als heroisch mit sich
selber kämpfende Menschennatur. Ein Beweis ist
Shakespeare, und eine Parallele zwischen Lear und
Oedipus dürfte dies bewahrheiten. Durch das Spiel

aller Leidenschaften oder doch verschiedener, wurde der
Mensch nicht so einseitig, wie bei den Alten, sondern
allseitiger, der Charakter ward in seiner ganzen Da=
seinsfülle gegeben. Deswegen kommt es uns nicht,
wie bei den Alten, am meisten auf die Begebenheit,
sondern mehr auf den Charakter an. Wir machen
die Begebenheit vom Charakter abhängig, die Alten
umgekehrt.

Die Shakespeare=Lessing'sche Epoche, unter wel=
cher wir also das Drama christlicher Zeit bis Lessing
etwa verstehen, hat, wie das der Alten, die Leiden=
schaft allein als Mittel des Kunstzwecks. Aber statt
des tragischen Conflictes derselben mit dem Geschick,
welches von Außen her auf ihn wirkt, wird von uns
der tragische Conflict der Leidenschaft in die Brust
des Helden selbst gelegt, in den Widerstreit der eigenen
feindlichen Leidenschaften unter sich oder mit seinem
innern sittlichen Bewußtsein, oder der eigenen indivi=
duellen Leidenschaft mit der gleichlautenden oder ent=
gegengesetzten Leidenschaft Anderer. Shakespeare
hat nie eine tragische Idee, stets nur eine tragische
Leidenschaft oder einen Fehler des Gemüths geschil=
dert. Alle Irrthümer seiner Helden kommen aus
der Tiefe des Herzens, nicht aus der des Geistes.
Eine tragische Idee aber kann nur aus einem Irr=
thum des Geistes entspringen; aus der irrenden

Leidenschaft, dem fehlenden Herzen nie, man müßte denn die Leidenschaft Idee und die Idee Leidenschaft nennen und die Begriffe verwischen wollen. Wenn man sagen würde: die tragische Idee des Othello ist die tragische Leidenschaft der Eifersucht, — wie wunderlich wäre das! Dann wäre: heiße Liebe auch eine Idee und Scheinheiligkeit eine Leidenschaft! — „Eifersucht, Liebe, Neid, Haß, Stolz" sind Leiden= schaften; „Zaudern, Wankelmuth, Voreiligkeit, Feig= heit" sind Fehler, welche tragisch oder komisch wirken können, aber: „Eroberung der Welt, Volksbefreiung, Scheinheiligkeit, Toleranz" sind tragische oder ko= mische Ideen. Was den Helden bei letzterer für eine (natürlich entsprechende) Leidenschaft unterstütze, ist ganz gleichgültig, zwar nicht in Betreff der Fabel und Handlung, aber in Betreff der Idee an sich selber. — Eine solche Idee, wie auch schon Corneille (z. B. in Polheucte), Crebillon, und Molière (in Tartüffe) als Mittel zum dramatischen Zweck öfter gebrauch= ten, findet sich bei Shakespeare nirgend. Leidenschaft oder Fehler des Gemüths, sonst kennt er Nichts und befolgt hierin auf's Treueste das Aristotelische Kunst= princip.

Lessing ebenfalls steht in seiner Dramaturgie vollständig auf Aristotelischem Boden. Er ist es, welcher die Gültigkeit der Kunstgesetze des Weisen

von Stagira für unser ganzes heutiges Drama nach=
gewiesen und in einer Weise festgestellt, die „Poetik"
verdeutlicht hat, daß hierüber weiter noch Worte zu
machen unnöthig ist. Nicht nur allein Shakespeare
und Lessing haben in Betreff der Leidenschaft als
Mittel zum dramatischen Kunstzweck (ja noch in
mancher anderen Beziehung) dem Aristoteles gehul=
digt, auch Goethe und Schiller thaten dies bei ihren
Werken.

Letztere drei Heroen deutscher Bühnendichtkunst
stehen aber bereits auf der Grenze einer neuen, ihnen
folgenden Epoche, wo man aufhörte, die tragische
Leidenschaft allein zur Erregung von Furcht und
Mitleid zu gebrauchen, sondern dieses Mittel auch in
der tragischen Idee suchte. Bereits im Nathan tritt
die Toleranz als leitende Idee auf, obwohl sie hier
nicht zu tragischem Zwecke benutzt wird. Ja, diese
Idee der Toleranz im Nathan hatte damals (in einer
Zeit theologischer Kämpfe) beim Erscheinen des
Stücks sogar einen starken Beigeschmack von Tendenz,
welchen aber die Zeit verwischte, indem sie nur die
reine, leuchtende Idee allein bewahrte. Im „Tell",
in den „Räubern", im „Götz", in „Kabale und Liebe",
im „Don Carlos", in der „Jungfrau von Orleans" ist
die tragische Idee vornehmlich Herrin, die Leidenschaft
secundirt ihr nur; in „Egmont", „Wallenstein",

„Clavigo", „Maria Stuart", „Emilia Galotti",
„Iphigenia", „Braut von Messina" ist es vornehm=
lich die Leidenschaft oder der Fehler, welche, oder
welcher (mit mehr oder weniger Ausschluß der Idee)
den tragischen Zweck erfüllt. Diese Fürsten deutscher
Muse bewiesen in der Hoheit ihrer Werke genugsam,
daß nach den alten Regeln vortrefflich zu gehen sei,
bewiesen aber eben so auch in vielen Fällen, daß die
Idee gleichfalls ihr hohes künstlerisches Recht habe.

* * *

Die letzte Epoche, die Schlegel=Tieck'sche, besser
gesagt Solger'sche Richtung trat der Aristotelisch=
Lessing'schen Dramaturgie entgegen, nicht gerade im
polemischen Sinne, aber im innersten Grundwesen,
und ignorirte den Aristotelischen Zweck der Tragödie:
Erregung und Reinigung von Furcht und Mitleid,
um einen äußerlich andern Zweck und ein anderes
Mittel dafür zu setzen, dessen künstlerischer Gebrauch
aber ebenfalls nur Erregung und Reinigung von
Furcht und Mitleid (Lachen) zur direktesten Folge
hat. Solger, der Philosoph der romantischen
Epoche, dessen Aesthetik wahrlich von jedem Freunde
dramatischer Poesie mindestens gekannt zu sein ver=
diente, hat es nur mit der Idee zu thun und führt sie
gleich als den Leitstern der Kunst überhaupt ein. Er
richtet die ganze Summe wahrer dramatischer Kunst=

beſtrebung nur auf den einen Zweck: die Unendlichkeit
der Idee, welche von den handelnden Perſonen im
Drama hienieden in Wirklichkeit erſtrebt werden ſoll,
als unendlich und exiſtirend zu bewahrheiten.

Solger ſagt in ſeiner Aeſthetik, S. 95: „Das
tragiſche Verhältniß im Schönen liegt darin, daß das
Schöne, als Erſcheinung, der göttlichen Idee, als dem
reinen Weſen, entgegengeſetzt iſt und widerſpricht;
daß, wenn ſich Beides in einem Akt des Uebergangs
vereinigen ſoll, nothwendig das Schöne ſich ſelbſt als
Nichtiges auflöſen und vernichten muß; daß aber in
demſelben Momente daſſelbe in ſeiner Vernichtung
als Offenbarung des göttlichen Wirkens, der Idee
erkannt wird.“ — Ferner S. 95: „Im Tragiſchen
geht die Idee, das Schöne ſelbſt, unter, nicht die ge=
meine Erſcheinung. Indem es aber untergeht, iſt es
eben dadurch und in dieſem Momente reine göttliche
Idee, die ſich offenbart, ſo wie das Zeitliche geopfert
wird.“ — S. 96: „Was alſo im Tragiſchen ver=
nichtet wird, iſt die Idee ſelbſt, inſofern ſie Erſchei=
nung wird. Nicht das blos Zeitliche geht unter,
ſondern gerade das Höchſte, Edelſte in uns muß
untergehn, weil die Idee nicht exiſtiren kann, ohne
Gegenſatz zu ſein.“ — S. 97: „Das Loos des Men=
ſchen überhaupt, daß er an dem Höchſten (der gött=
lichen Idee) Theil hat und dennoch exiſtiren muß,

bringt das echt tragische Gefühl hervor, sein Gebannt=
sein in die Existenz."

Im Komischen gilt bei Solger dasselbe, nur um=
gekehrt, wie der Verfasser denn überhaupt bemerken
muß, daß Alles, was er von der Leidenschaft und
Idee gesagt hat, eben so auf das K o m i s c h e, nur im
umgekehrten Sinne, Bezug hat.

Aus obigen und vielen anderen Bemerkungen
Solger's, wie seinem ganzen Lehrgebäude geht hervor,
daß es Aufgabe der dramatischen Kunst sei: die un=
endliche Menschennatur im Kampf mit der Endlichkeit,
den G e g e n s a t z d e s I d e a l e n u n d R e a l e n darzu=
stellen, und das Tragische darin liege: daß der Mensch
mit seinem unsterblichen Wesen der Endlichkeit unterlie=
gen muß, damit die Ewigkeit der Idee, das G ö t t l i c h e
im Menschen gerettet werde. „Wir sollen," sagt Solger
S. 106 geradezu, „bei der Tragödie auf die Vernich=
tung, welche dem Menschen aus seinen höchsten Gaben
entstehen muß, eingehen." —

Wir wollen dieses Solger'sche Kunstgesetz seiner
philosophischen Hülle entkleiden und durch ein Bei=
spiel klarer zu machen suchen.

Nach Solger und den Romantikern muß im dra=
matischen Kunstwerk stets ein größerer Gedanke als
der kleineren Gegenwart widerstreitend dargestellt
werden. — Zweck der Tragödie bei Solger ist, darzu=

stellen: daß der Gedanke, welcher angestrebt wird, stets über dem Vermögen ihn auszuführen stehe, dieser Gedanke so unendlich erhaben sei, daß er in der Wirklichkeit vom Einzelnen selbst mit Hingabe seines Lebens nie erreichbar ist und dadurch gerade seine Ewigkeit und Hoheit sich beweise. Durch den Untergang des Helden wird der Gedanke selbst, als zur Zeit unausführbar, vernichtet, um reiner, ungetrübter Gedanke wiederum zu werden, um als das Ewige, Unendliche über allen Zeiten zu stehn, was sich allein als wirklich Bleibendes und Unveränderliches im Wechsel der Zeiten, selbst im Verblühen alles Irdischen, erhalte.

Ein Beispiel macht dies vielleicht anschaulich. —

Ein Held will die Befreiung der Welt! Die Entwicklung höchster menschlicher Freiheit ist eine ewige Idee. Diese Idee sucht der Held mit Drangabe seines ganzen Wesens im Kampf mit der unfreien Wirklichkeit durchzusetzen; er stürzt dabei ein Zwingherrnjoch, ergreift die Führung seiner Nation zur Freiheit (der Realisirung seiner Idee) und geht daran zu Grunde, weil die Einführung der Freiheit den Anderen als rechte Knechtschaft gilt! Anders gesagt: der Einzelne kann nie die Weltgeschichte machen; die Idee der Freiheit des Menschengeschlechts ist eben zu hoch, um eine Schranke, Form, oder eine besondere

Epoche zu dulden, sondern ist etwas ewig durch alle
Zeiten bis zum Ende der Tage Fortwirkendes und
Wachsendes, was also nie fertig wird. Der Untergang des Helden wird aber gerade Veranlassung werden, diese Idee der freien Menschheit als Ewiges,
Existirendes in ihrer höchsten idealen Eigenschaft hinzustellen. — Freiheit ist eine Idee, weil sie unendlich
und nie erschöpfbar, zugleich aber endlich und in den
Individuen stets thatsächlich lebende, wirklich allgemeine Erscheinung ist. Ohne dieses Doppelleben
ist jede Idee einseitig, keine Weltidee. —

Solger will uns nun stillschweigend noch glauben
machen, die Leidenschaft sei (z. B. in Shakespeare)
auch Idee. Er ist, meint der Verfasser, hierbei in
einer dramaturgischen Täuschung befangen. Folgendes, was recht eigentlich die Unterscheidungspunkte
bildet, zeigt es auch:

Jede Leidenschaft ist unendlich wie jede Idee, das
ist gewiß; die Leidenschaft aber birgt, ob eine gute
oder schlimme, die Schuld bereits in sich, denn zur
Verschuldung, zu Fehler, Laster, Verbrechen ist stets
das Maßlose der Gemüthsrichtung, das Zuviel oder
Zuwenig nöthig; das Zuviel oder Zuwenig einer
Gemüthsrichtung ist eben Leidenschaft. Maßvolle
Leidenschaften sind gar keine. Das Zuviel und Zuwenig des Gemüths ist an sich schon eine Schuld, ehe

es noch den Menschen zu einem Fehltritt zwingt; die Leidenschaft zu haben ist schon eine, und Schuld heißt die ganze Existenz der Leidenschaft. — Die Idee aber ist nie eine Schuld an sich, denn wie kann das Unendliche, das Ideale, wie kann gerade die göttliche Seite unserer Natur, Das, was uns über's Zeitliche erhebt, eine Schuld sein? — Der Held nur verschuldet, welcher diese unendliche Idee eben blos endlich durchführen kann, da er hierüber die Unendlichkeit der Idee vergißt. Durch seine Vernichtung wird die wahre Natur derselben erkannt. —

Dieses Hauptunterscheidungsmerkmal: daß die Leidenschaft stets eine Schuld involvirt, die Idee aber nie, trennt beide Begriffe künstlerisch himmelweit, und es kann wohl Niemandem einfallen, eine tragische Leidenschaft als tragische Idee oder umgekehrt aufzufassen.

Wer wollte aber behaupten, daß man nur die tragische Leidenschaft und nicht auch die Idee zum Mittel tragischen oder komischen Zwecks im Drama nehmen solle? Ist das Reich der ewig reinen, unendlichen Ideen nicht ein unschätzbarer Besitz der Kunst? Sind wir, trotz Vielem, was sie sonst auch angerichtet, den Romantikern und namentlich Solger, sind wir nicht namentlich Schiller, der ihr strahlender Vorläufer

3 *

war und die Ideale recht eigentlich erschloß, zum höchsten Dank verpflichtet? — —

Es handelt sich nun schließlich noch um die zu Anfang aufgeworfene Frage: Was wählt der Dichter als das künstlerisch Geeignetere, und wie? Erkennt er in der Leidenschaft oder der Idee das künstlerisch sicherste Mittel, um Furcht und Mitleid zu erwecken, oder wählt er abwechselnd, je nach Stoff oder individuellem Gefühl, oder aber nimmt er Leidenschaft und Idee zusammen in jedem Werk als Kunstzweck? —

Die offene Meinung des Verfassers ist die: man nehme die Leidenschaft entweder allein oder Leiden= schaft und Idee so vereint, daß beide sich durchdringen, oder gegenseitig als natürliche Consequenzen erschei= nen. Verwebt man indeß Idee und Leidenschaft als tragische Mittel, so scheint es besser, die Leidenschaft dominire die Idee, als umgekehrt. Die Idee allein aber, ohne eine begleitende Leidenschaft, ist wohl das Matteste von Allem, mag sie auch noch so erhaben sein. — Ein Bedenken entsteht indeß noch!

Vielleicht wirft man ein, daß: die Manie, eine Idee auszuführen, sich auf sie trotz aller Hindernisse zu steifen, eben eine tragische Leidenschaft sei. Das ist sie nicht! Das feste unerschütterliche Wollen, der Thatendrang ist keine Leidenschaft, sondern nur die nothwendige Eigenschaft jedes Strebenden, ohne

welche er sie gar nicht einmal geistig festhalten, ge=
schweige verwirklichen kann. Dieser Wille ist keine
Leidenschaft, kann jedoch bis zur Raserei wachsen; dann
muß aber stets eine wirkliche Leidenschaft hinzutre=
ten, z. B. Zorn, Liebe, Ehrgeiz, Stolz und dergleichen.
Die Idee allein, wie sie keine Schuld ist, so erregt sie
auch nicht Furcht und Mitleid oder Lachen; erst wenn
im Helden sich ihr noch eine Leidenschaft beigesellt,
erreicht die Idee jene Alles überwältigende Kraft, welche
den tragischen Zweck erfüllt. — Ja, wenn die Idee
durch die Idee gereinigt werden sollte und Das tra=
gischer Zweck wäre! Aber die Idee ist ja schon das
Allerreinste, die Tragödie weist nur eben ihre Ewig=
keit und Wirklichkeit nach. Was gereinigt werden
soll, ist Furcht und Mitleid, das sind aber Leiden=
schaften, und diese können durch eine dargestellte Lei=
denschaft doch sicherer erregt werden, als durch ein
Leidenschaftsloses, die Idee. Begeisterung erregt die
Idee allerdings schon an sich, aber nicht immer, nicht
in Allen und in gleichem Maße; doch wo auch die
Leidenschaft auftritt, erregt sie immer, gleichmäßig
und Alle. Begeisterung ist allerdings wohl eine Art
von Leidenschaft, aber keine absolute, einfache, wie
Liebe, Haß u. s. w., sondern eine Verbindung von
höchster Bewunderung und tiefster Sehnsucht, also
die Verschmelzung eines Verstandes= und Gefühls=

phänomens, welche die Form der Leidenschaft an=
nimmt. Begeisterung ist an sich nicht tragisch oder
komisch, auch nicht stetig, wie jede echte Leidenschaft
sein muß, sondern ein plötzliches, höchstes Freude=
gefühl, was weder in Schuld stürzen, noch Furcht
oder Mitleid an sich wecken kann.

Die Idee ist zweifellos das Reinste, weckt auf
ihrer Höhe die Begeisterung, ist das Bewegende, der
Götterfunke in der Menschheit. Aber weil sie so hoch
und unendlich ist, ist sie a b s t r a k t, ein rein Geistiges,
und würde allein im Drama höchst undramatisch sein,
die handelnden Personen zu idealen Schemen machen,
wie die Märthrer à la Polyeucte etwa sind, welche auf
Kosten des Menschlichen Bewunderung erregen wol=
len, aber nie erregen.

Die Leidenschaft ist das weniger Reine, weil sie
selbst ein Uebermaß ist, weckt nicht die Begeisterung,
ist nicht in der Menschheit als Ganzes, aber dafür in
a l l e n e i n z e l n e n I n d i v i d u e n i m m e r w ä h r e n d
thätig. Die Leidenschaft hat stets einen irdischen, end=
lichen, sinnlichen Beigeschmack, ist sie doch das große
pulsirende Herz mit seinem bunten Leben. Aber dafür ist
die Leidenschaft tiefer, hinreißender an sich, aufreiben=
der, als die Idee, ist zugleich ewig wie sie und in
ihrem höchsten Stadium von derselben Hoheit, indeß
einer so riesenhaften, dämonischen Macht, daß sie

einer allwaltenden Naturkraft gleichkommt. Sie ist das
Dramatischere, an sich schon tragisch und komisch,
und wo die Idee nur tragisch wirken soll, kann sie
ohne begleitende Leidenschaft nicht leben, oder sie
ist Scheinexistenz.

Für Erreichung des Zwecks der Tragödie und
Comödie erscheint die Leidenschaft als das höchste
Mittel der Kunst, die Idee als ein gleichfalls zweck-
mäßiges, wenn auch geringeres Mittel, das jedoch der
Leidenschaft bei seiner Realisirung nie entbehren darf,
während die Leidenschaft jeder begleitenden Idee ent-
rathen kann, um Furcht und Mitleid oder Lachen zu
erregen und zu reinigen. Wenn endlich von der allgemeinen moralischen Wirkung Beider die Rede ist, so
steht fest, daß die Ideen die Menschen über sich
erheben, vergeistigen, die gereinigten Leidenschaften aber die Menschen in sich als irdische
Wesen bessern. Durch Reinigung von Furcht und
Mitleid aber muß zugleich eine Reinigung aller
anderen Leidenschaften folgen, weil sie alle mit der
Furcht und dem Mitleid verwandt sind.

III.

Die alte und die neue Schule der Schauspielkunst.

———

Es giebt heut zu Tage für den Schauspieler zwei verschiedene Richtungen, zwei Arten von Styl, nach welchen er sich entwickeln, in deren Grenzen er sich bewegen muß, um mit seinen Darstellungen die möglichst höchste Wirkung und den Beifall der Kunstkenner zu erzielen. Diese beiden Richtungen, Spielweisen, oder Arten des mimischen Styls hat man sich gewöhnt, die alte und die neue Schule zu benennen. Verfasser dieses möchte sie lieber als „natürliche" und „gekünstelte" Schule bezeichnen.

Die sogenannte alte, oder natürliche Kunstrichtung der Schauspieler, welche leider nur noch wenige Repräsentanten und noch weniger junge Nacheiferer hat,

bestand darin, daß Jeglicher (Schauspieler wie Schauspielerin) seine Rolle, sie mochte Haupt- oder Neben-
rolle, schwächer oder stärker chargirt sein, möglichst
schlicht und menschlich einfach, möglichst prätentionslos anlegte und begann, sie dann organisch durch die
wachsende Wucht der Affecte und Situationen von
Innen herauswachsen ließ und in fast unmerklichen
Schritten bis zu der tragischen oder komischen Höhe
führte, die ihr vom Dichter verliehen worden. Schauspieler, welche dieser Art des Spiels huldigen, sind
sich bewußt: allein im Verein mit ihren Genossen
das Gesammtbild der dramatischen Handlung ver-
körpern zu können, nur immer ein Theil, wenn auch
ein noch so vorzüglicher, des ganzen Kunstwerks zu
sein, das am Abend die Gefühle des Publikums erschüttern und veredeln solle. Gerade durch das un-
geheuer Einfache, Prätentionslose erreichten große
Schauspieler stets die gewaltigsten Siege in der
Kunst.

Die sogenannte neue Kunstschule, auch die realisti-
sche fälschlich genannt, welche leider jetzt so viel Anhänger hat, besteht darin: daß der Schauspieler oder die
Schauspielerin in ihrer Rolle nicht das Schlichtmensch-
liche, nicht die Seite bevorzugen, welche ihren darzu-
stellenden Charakter allen anderen Menschen ähnlich macht, sondern jene Seiten an ihm zur Haupt-

sache machen, welche ihn als Individuum von allen
Lebenden absondert, welche abnorm sind oder scheinen, die etwas Apartes, Niedagewesenes verrathen oder
begünstigen. Sie bestreben sich: möglichst wunder-
bare, staunenerweckende Charaktere zu zeichnen, spicken
sie mit Pointen, Kunstpausen und einem furchtbaren
Apparat mimisch-dialektischer Kunststücke, welche nicht
nur die Rolle ganz vom übrigen Drama losreißen,
sondern sie auch zu einer Curiosität, einem Cabinet-
stück der Gattung „homo" machen. Dergleichen
Künstler nehmen von Anfang an mit ihrer Rolle so
einen alles Andere ausschließenden Flug, daß sie den
Boden der Scene verlieren, spielen ihren Part, wie
etwa Paganini und Berriot seine Geige, möglichst
solo, und das Orchestergesindel der mitspielenden
Genossen ist dann gut genug, die Pausen zu füllen,
wenn man erst seinen Beifall weghat.

Des Verfassers Urtheil über diese zwei verschiedenen Arten, die mimische Kunst zu handhaben, ist
in Gesagtem bereits gegeben, doch es kommt darauf
an, dasselbe näher zu begründen und genau festzustellen, welche Wirkung jede der beiden Arten des
Spiels auf das vorzuführende Drama selbst, auf das
Publikum, auf uns Schriftsteller und somit auf die
ganze Kunstepoche hat.

Wir müssen hierbei auf das allgemeine Wesen

dramatischer Charaktere eingehen, und wenn von
Rollen die Rede ist, wollen wir nur Hauptrollen
(also tragische oder komische Helden und Heldinnen)
im Auge haben. Was auf diese Bezug hat, gilt für
alle anderen Partieen genau eben so, denn eine
Hauptrolle bietet allein den Unterschied dar, daß sich
an ihr das tragische oder komische Resultat des Dra=
ma's vornehmlich vollzieht, ihr also die Theilnahme
des Publikums von — Dichters Gnaden — beson=
ders zufällt. An innerer Bedeutsamkeit für den
Gang des Drama's steht ihr jede andere Rolle voll=
ständig gleich.

Ein dramatischer Charakter ist: das vom Dichter
in Worten gezeichnete, mit gewissen Eigenschaften
versehene, geistige Abbild eines Menschen, welches
durch den Schauspieler auf der Bühne verkörpert,
lebendiges Individuum wird und eine Reihe Hand=
lungen begehen, Zustände durchlaufen muß, um in dem
Beschauer Mitleid, Furcht und Lachen zu erregen,
respective diese Leidenschaften in ihm zu reinigen.

Kann ein Jongleur, ein Löwenbändiger oder ein
wohldressirter Pavian meine Furcht, mein Mitleid
oder mein Lachen im Sinne der Kunst erregen? —
Nie! — Mein Staunen, meine Bewunderung, mein
Verlachen wohl, selbst auch sogar eine gewisse Furcht,
wenn nämlich seine Experimente so gefährlich sind,

daß meine Menschenliebe um sein Leben in Angst versetzt wird, jene allgemeine Menschenliebe (Philan= thropie), die ich auch dem Elenden widme, der eben nach dem Richtplatze geschleift wird.

Soll ich wahrhafte Furcht, Mitleid oder Lachlust für Jemanden verspüren, so muß ich an ihm Theil nehmen. Er muß nicht nur ein Mensch wie ich, son= dern auch ein so gearteter Mensch sein, daß ich mich in ihn, in seine Lage versetzen, mich mit ihm identi= ficiren kann! Dann werde ich mit=leiden, mit= fürchten, werde über ihn wirklich herzinniglich mit voller Erquickung lachen. Ich muß in seinem Schicksale für das meine besorgt werden, muß denken: „Ha mein Gott, so bist Du auch! Diese Aber ist ganz von Dir, dahin könntest Du am Ende auch kommen!" — Dann wirkt der Charakter, wie er soll, dann ist die Tragödie und Comödie, was sie sein soll, denn sie er= füllt ihren sittlichen Kunstzweck. Diese Wirkung liegt aber schon in dem richtig gezeichneten Charakter be= reits vor der Aufführung, denn er ist des Dichters Werk. Was durch die Darstellung des Schauspielers souveraines Werk ist, welches ihm der Dichter nie rauben kann, ist die Belebung solcher Charaktere zu positivem Dasein, zur menschlichen Existenz. Eine Schöpfung, zu welcher der Schriftsteller eben nicht mehr hinanreichte, die auch nicht seine Sache ist.

„Es tritt ein Mann zu uns herein! Ruhig, ohne weiteres Hallo! Geht, steht, spricht wie wir, er ist Einer der Unsern. Er hat irgend welchen bestimmten Charakter, ein gewisses Temperament, diese und jene mehr oder minder ausgeprägte Leidenschaft, auch eine bestimmte Lebenslage, gerade so wie wir. Vielleicht ist er etwas leichter zum Zorn oder Leichtsinn geneigt, kurz hat Etwas, das wir n i ch t zu haben, in diesem Maße, in dieser Art nicht zu haben g l a u b e n. Da wir aber auch öfters schon zornig, leichtsinnig, kurz, so waren wie er, und dabei uns mancher begangenen Dummheit bewußt sind, da wir überhaupt als Men= schen alle Leidenschaften in uns tragen, nur daß sie eingeschlafen, unentwickelt, uns nicht bewußt sind, so bedarf es nur einer halbwegs vernünftigen V e r a n = l a s s u n g, welche diesen besagten Mann wirklich zornig oder leichtsinnig machen kann, so werden wir sagen: „Wahrhaftig, wenn Dir das geschähe, Du thätest es a u ch!"

Hat dahin erst der Künstler seinen Beschauer ge= bracht, und sein darzustellender Charakter läßt dann allen Leidenschaften frei, aber m e n s ch l i ch frei, ohne Capriolen, die Zügel schießen, dann reißt er den Be= schauer mit sich, verstrickt ihn in die Maschen der Handlung, dann wird vom Auditorium mit=gelitten, mit=gefürchtet, wird gelacht, weil man nur Das fürchtet,

bemitleidet, belacht, was man an sich selbst für mög=
lich hält, als eigenen Splitter im Auge jucken fühlt.
Je mehr der Schauspieler nun einfältiglich bescheiden
sein Parquet im dargestellten Charakter abspiegelt,
je schlauer, unmerklicher er den Leuten da unten
seinen dramatischen Charakter als den i h r e n aufzu=
lügen weiß, desto größer ist er! Wie fein das aber
geschehen muß, wie jede übertriebene Geste, jede platte
Redefanfaronade, jede zu sehr hinausgeschleuderte
Klangwelle sofort den dünnen Nebelschleier zerreißt,
welchen der Acteur mit mühsamem Feienfinger dem
Oratorium über's Haupt zog, dafür hat nur der echte,
große Schauspieler ein w a h r h a f t e s Einsehen!

Denke man sich aber nun einen Künstler, sei er
auch das größeste Talent, der auf dem Standpunkt
der neuen Schule steht?! — Er tritt auf! Wir be=
wundern! Er bringt Affect um Affect auf dem
rhetorisch=mimischen Präsentirteller, durchläuft die
ganze Tonfigurenreihe seiner pathetischen Variationen!
Wir staunen, wir staunen! Ja, wir klatschen sogar!
„Das ist ja ein ganz verteufelter Kerl", denken wir.
— Aber Jammer über Jammer! Das, was wir
Zuschauer thun müßten, wozu wir hergekommen, das
thun wir nicht! Wir leiden und fürchten n i c h t mit,
wir lachen wohl über die äußere Grimasse, aber über

das innere lächerliche Wesen, in dem wir unser eigenes abgespiegelt sehen, lachen wir nicht!

Was brachte uns die neue Schule? Bewunderung! Schön! — Unsere Dichter arbeiteten natürlich lauter Charaktere, welche bewundert werden sollen! Jeder im Parterre kann jedoch ruhig seine Hand auf's Herz legen und sagen: „Wie der Mann da oben bist Du nicht, kein Blutstropfen von Dir ist so!" Darum bewundern sie es ja eben, weil Keiner jemals so sein kann, aber die sittliche Wirkung von Trauerspiel und Lustspiel, die Würde der Poesie, der Schauspielkunst geht darüber verloren. Vor lauter Bewunderung bleibt Alles hohl inwendig!

Aber, wird man sagen, worin liegt denn die Bewunderung, welche man doch unläugbar einem großen Schauspieler zollt? Wie soll man denn z. B. einen Philipp II., Nero u. s. w. spielen, um Mitleid und Furcht zu erregen? Ist denn unter den Beschauern nur Einer, der diesen Charakteren entspricht? Wie steht es denn überhaupt dann in dieser Hinsicht mit sämmtlichen historischen Charakteren, wie Wallenstein, Maria Stuart u. s. w.?

Das wären allerdings zwei Fragen, um einen Dramaturgen recht festzufahren, und sie sind zu bequem, als daß sich die neue Schule nicht auf sie steifen sollte.

Die Bewunderung, welche man dem echten Schau=
spieler zollt, wird nicht dadurch errungen, daß er dem
Publikum etwas Niedagewesenes, Staunenswerthes
bietet, es in Brillancen und Effecten erstickt, denn
dann wären Clowns und Schulpferde, Thierbändiger,
Akrobaten und tanzende Elephanten seine ebenbürtigen
Genossen, sondern sie wird nur errungen: wenn der
Schauspieler (natürlich nachdem der Dichter seine
Schuldigkeit gethan) uns so verstrickt in seine Gestal=
tung, daß wir uns in ihn hineinleben, an seinen
Leidenschaften und Gefahren theilnehmen müssen, daß
wir mit ihm in der Einbildung leiden oder in seinem
Spiegelbilde über uns selbst lachen müssen! Müssen!
Unerbittlich müssen, und aus diesem furchtbarsten
aller Zauberträume erst erwachen, wenn das sittliche
Resultat des Drama's, die Erregung von Furcht und
Mitleid sich in uns erfüllt, wir dabei über uns selbst
und über die Wahrheit, mit der man uns verführte,
erschrecken. Dann beugen wir uns voll Bewun=
derung vor einem solchen Geiste, der so unser Ich
in seiner allgewaltigen Hand hält! O, erringt diese
Bewunderung, meine Kunstgenossen! Erringt sie
recht schlau, unscheinbar, aber um so überwältigender!

Aber die andere Frage: Wie soll man einen
Philipp II., Alba, Nero, Wallenstein u. s. w. spielen,
um Mitleid und Furcht zu erregen? — Sitzen der=

gleichen Charaktere im Parquet? Sind sie auf allen Gassen zu finden?

Ein Einwand ist der, daß so scharf chargirte Charaktere, wie vorbenannte, daß besonders Thrannen und Intriguanten selten oder nie dramatische Helden sind, denen sich unsere Theilnahme also besonders zuwenden, an welchen sich das sittliche Resultat vollziehen soll. Bösewichter sind meist in zweiten Partieen, als Gegensätze des Helden verwendet.

O, ruft man, wie steht's dann mit Richard III.? Kann es nicht einmal einem Dichter einfallen, den Nero oder Don Philipp auch als tragische Helden hinzustellen? Wie steht's dann mit Wallenstein, der Stuart und allen historischen Personen? Du widersprichst Dir ja selbst, denn vorhin sagtest Du: alle Charaktere, auch die chargirtesten, sollen schlicht im Sinne der alten Schule gehalten werden! — Gut! Zugegeben, daß der letzte Grund, welcher eingeworfen ward, scheinbar schlecht ist, obwohl er sich im dramaturgischen Gebrauch rechtfertigt. Weßhalb sollen denn aber Don Philipp, Nero, Wallenstein, Richard III. u. s. w. nun um so chargirter gespielt werden, da sie schon vom Dichter an sich scharf chargirt sind? Warum denn? Heißt das nicht seine Farben handhoch auftragen? — Im Gegentheil, um so subtiler müssen gerade derartige Rollen gespielt werden, um so gefährlicher, schwieriger sind sie eben zu spielen! — Eine Gegenfrage noch: Sind die Philipp's, Nero's, Wallenstein's, Maria Stuart's von der Wiege an Das gewesen, was sie uns jetzt gelten? — Nein, sie sind es geworden! — Ein historischer Charakter ist das Bild eines fertigen, berühmten Menschen der Vergangenheit. — Ist es denn Sache des Drama's, fertige Menschen mit geschehenen Thaten, kurz eine Vergangenheit als vergangen zu schildern? Das thut nur die Geschichte. — Das Drama soll nicht sagen: daß sie so sind, wie sie sind, denn das wissen wir allein, es soll vielmehr sagen: warum sie so wurden, soll sie zu Dem vor unseren Augen werden lassen, als was sie nachmals in der Geschichte galten!

Philipp II. war wie Nero Anfangs ein nur sehr unglücklich erzogener Prinz, Wallenstein ein vom Glück begünstigter Deutscher Condottiere von Miethlingen, Maria Stuart ein schönes, heißblütiges Weib, welches das Unglück hatte, für einen Beruf geboren zu sein, zu dem sie nicht paßte, wie das schon manchem gekrönten Haupte ging. So macht doch aus diesen schlecht erzogenen Prinzen, Miethlingsgeneralen und eitlen, unbesonnenen Weibern, aus diesen sehr menschlich fehlerhaften Charakterstoffen organisch Eure Charaktere! — Wohl kann man in drei Theaterstunden

nicht das ganze Leben eines historischen Charakters
wachsen sehen (das ist auch mehr Aufgabe des Epos),
wohl muß Dichter wie Schauspieler bei seiner geschicht-
lichen Person in einem Stadium seines Lebens beginnen, wo schon seine historische Mission ihn um-
schwebt, aber diese darf erstens nicht rollendet erscheinen, sonst hat der Held ausgelebt, zweitens blickt trotz
dieser Mission stets sehr deutlich die Vergangenheit
hervor. In tausend kleinen wie größeren Merkmalen
ist vom Dichter der Grund angegeben, warum sie so
wurden, wie sie eben sind, ist der Weg ihrer seelischen
Entwicklung klar gemacht und wird um so einleuch-
tender, je weiter die Handlung sich entfaltet.

Ein Thrann und Bösewicht (wir nehmen also die
verkrüppelteste Art der Menschennatur) ist nicht
immer ein Thrann, ist nicht nur unter der Krone
einer, sondern auch im bürgerlichen Leben, im Bett-
lerkittel gegen Weib und Kind. Er hat seine menschlichen Stunden nicht nur, sondern einen sehr menschlichen Grund und Boden für seine Thrannei, nämlich seine Leidenschaften und Schwächen. Er schreitet
nicht immer auf dem gespreizten Kothurn einher,
wirft nicht ewig mit prickelnden Effecten und psycho-
logischen Rösselsprüngen um sich, denn solch einen
Zustand kann kein reeller Mensch lange aushalten!
Erbärmlich der Charakter auf der Bühne, welcher

stets andeutet: „Seht, was ich für ein excellenter
Schuft bin, welches Lumen vor Euch steht! Ich bin
ja der Philipp II., in dessen Reich die Sonne nie auf=
noch untergeht! Bewundere mich, Du Sklavenparquet,
oder ich lasse Dir auf der Gorda die Glieder recken,
wie ich das zum Plaisir im Eskurial vor der Siesta
zu thun pflege!" — Wie armselig! — Ein großer
Mann zeigt seine Größe nicht, er h a t sie schon, sie
ist für ihn keine Rarität mehr. Ein echter Thrann
ist kein zähnefletschender Köter, der nie beißt, weil er
immer bellt! Ruhig, still, fast wie etwa ein anderes
Menschenkind auch, benimmt er sich prätentionslos.
Alles überschauend, wie die stille, unergründliche See
kaum leichte Wellen kräuselnd, so tritt er uns zuerst
entgegen. Seine zitternde Umgebung müht sich um=
sonst, aus dem Marmorblocke seines Wesens heraus=
zubuchstabiren, was der irdische Herrgott vor hat.
Eine Handbewegung, eine flüsternde, lächelnde Be=
merkung vielleicht nur fegt die Bagatelle eines
zuckenden Menschenlebens vom Erdenrund, — das
ist Alles!

Abnorme Charaktere wählt, wie gesagt, ein Dich=
ter kaum zum Helden, thut er es, wie im Richard III.
der große William, dann erklärt er ihn auch so genau,
daß wir fühlen, wir könnten unter gleichen Bedin=
gungen ähnliche Katzennaturen geworden sein, läge

der Alp der Zeit so auf uns, wie Jenem, wären
unsere Leidenschaften auch so groß gesäugt, unsere
Geistesanlagen nach einer solchen Seite entwickelt
worden. Sehen wir z. B. Wallenstein nicht etwa
vom Diener seines Kaisers zum Hochverräther erwachsen? Ist nicht von Schiller Alles darauf angelegt, daß Jeder von uns Beschauern fühlt: unter
solchen Umständen müsse Jeder so straucheln, sobald
ihn der Ehrgeiz packt, ihm solche Gelegenheit, solches
Talent gegeben worden! Einen Caligula zu zeichnen,
wie er Verderben speit, ist keine sehr große Gefähr-
lichkeit, wenn man seinen Pinsel nur brav in Crebillon'sche Farben taucht, aber zu zeigen, welche hefti-
gen Anstöße eine Menschenseele so zur Bestie ver-
krüppeln können, zu zeigen, daß kein Mensch so Bestie
werden kann, um den natürlichen Adel zu verlieren:
daß Gott ihn doch nach seinem Bilde schuf, zu zeigen,
wie jegliche seiner Blutthaten, jedes in ihm erwachende
Panthergelüst aus einer naturwahren Seelenerschei-
nung, einer ganz reellen Ursache entspringt, und nur
deshalb so allzerstörend auftritt, weil der Herr Welt
sich selber nicht in der Gewalt hat, sein größter Sklave
ist; zu zeigen in ihm, wie Gott den Thrannen das
innerste Naturgesetz vorschrieb, in sich selber die
Grenze ihrer Allmacht und Verbrechen zu finden, das
kann eben nur ein echter Künstler. Er kann dann

sicher sein, daß man seinem Caligula Furcht und
Mitleid nicht entziehen, daß sein Tyrann gerade die
Wirkung haben werde, die Nachwelt zu versöhnen,
indem er ihn als Werkzeug in der Hand des Schöpfers
darstellt.

Die sogenannte neue Schule erringt den Lorbeer
nimmer, denn Bewunderung über mimische Vir=
tuosität ist der allergrößeste Feind der Tragödie und
Comödie. Sie verleitet den Schauspieler, nicht nach
der Güte eines Drama's zu sehen, welches er ver=
körpern soll, sondern nach der Güte seiner Rolle, ob
sie auch Effect=Scenen genug, und zwar auf Er=
regung von Bewunderung ausgehende Effect=Scenen
habe!

Das Publikum verleitet sie zu der Sucht: nur
zu kommen, um zu bewundern, nicht um mitzufühlen.
Die neue Schule würdigt das Publikum zum Janhagel
einer Reiterbude hinab, statt ihm durch Erregung
aller menschlichen Affecte eine sittliche Reinigung zu
bereiten, die wohlthätig in's bürgerliche Leben bringt
und es verschönt.

Den Schriftsteller endlich verleitet diese neue
Schule, Bravour=Scenen, aber keine Handlung mehr
zu schreiben, einem Schneider gemäß dem Acteur die
bunte Clownjacke anzupassen und mit recht großen
Flittern zu besetzen.

Diese neue Schule ist zur Hälfte und darüber Schuld am Verfall des heutigen Theaters, des Publikums, der Literatur, und erzeugt wohl routinirte Talente, große Tragöden aber niemals. In dieser Weise ruiniren die Schauspieler das Schriftstellerthum, ruinirt das Schriftstellerthum die Bühne, und das Publikum wird von allen Beiden ruinirt, und revanchirt sich durch die grobsinnliche Unersättlichkeit seiner gesunkenen Bildung.

IV.

Was ist Idee, was ist Tendenz im Drama?

In dem Aufsatze, „Woburch erreichen Tragödie und Comödie ihren Zweck?" wurde von dem Unterschiede zwischen tragischer Leidenschaft und tragischer Idee (als den beiden Mitteln zur Erreichung des tragischen [komischen] Zweckes im Drama) gesprochen. Es ergab sich als Resultat dieser Betrachtung, daß die Leiden= schaft zu Erreichung höchster Wirkung geeigneter sei, als die Idee. Damit war also der Letzteren gewiß nicht die Fähigkeit abgesprochen, künstlerisch im Drama angewendet zu werden; ein Blick auf die „Jungfrau von Orleans" und auch verschiedene neuere Dramen be= stätigt ja, daß die Idee sehr wohl tragische Zwecke er= reichen könne. Es war eben nur bewiesen worden,

daß sie diese Zwecke nie so sicher und überwältigend
erfülle, als die Leidenschaft.

Letztere bleibt bei unserer augenblicklichen Frage
ganz unberücksichtigt, oder kann nur als untergeord=
netes, begleitendes Moment (als Unterstützer oder
Gegner der Idee) in Anschlag kommen. Hier soll viel=
mehr die Idee einmal als ausschließliches Mittel zur
tragischen oder komischen Erschütterung betrachtet, ihr
Unterschied von der Tendenz nachgewiesen und gesagt
werden, was Letztere denn eigentlich, und ob sie
überhaupt künstlerisch statthaft sei.

Es ist vorher noch (wie bereits schon im obenbe=
merkten Aufsatze) anzuführen, daß jede leitende Idee
sowohl in Tragödie wie Comödie, und somit Alles,
was von ihr betreffs der einen Kunstform gesagt wird,
auch für die andere, nur in entgegengesetzter Weise,
Geltung hat.

1.

Tragische (komische) Idee ist: jeder hohe, sitt=
liche, allgemeine und unendliche Gedanke, welcher,
längst in dem Herzen der Menschheit ruhend, unbe=
wußt und stückweise sogar ihr reelles Dasein durch=
flechtend, sich mit absoluter, voller Gewalt in einem
Helden gebiert, ihn unmittelbar so ganz und gar er=
faßt und durchdringt, so daß derselbe genöthigt ist, mit

Drangabe seines eigenen Ich's ihn im endlichen Leben, in seiner Zeit (Gegenwart), unter seinen Mitmenschen zu verwirklichen und darum an diesem Gedanken und mit ihm untergehen (sich beschämen) muß, weil sich das wirklich Unendliche, Raum= und Schrankenlose niemals in der Endlichkeit, im begrenzten Kreise der Gegenwart realisirt. Durch den Tod (die Beschä= mung) des Helden wird eben die Unendlichkeit seines Wollens, die absolute Idee als reine Idee constatirt.

Jede derartige Idee hat sonach drei ganz wesent= liche Eigenschaften, welche sie zu Dem machen, was sie sein soll. Sie muß:

1) unendlich, ewig, nie in ihrer absoluten Bedeu= tung realisirbar, also nie ganz zu verwirklichen sein;

2) sie muß in dem Menschen seit Anbeginn als Be= dürfniß schlummern und sich in ihrem indivi= duellen Leben stückweise, einseitig, unter verschie= densten Formen verwirklicht vorfinden;

3) endlich makellos rein und sittlich an sich, kurz eine göttliche Idee sein, über deren Erhabenheit, Schöne und Wahrheit nicht erst zu streiten ist.

Das Glück, die Freiheit, die Treue, der Glaube, die Täuschung, die Duldsamkeit, die Gleichheit, das Vertrauen, die Abhängigkeit, die Wahrheit u. s. w. sind allgemeine, ewige Ideen, sind darum Ideen, weil

sie weder Leidenschaften noch Fehler, also keine individu=
ellen Charaktereigenschaften, wie etwa Liebe oder Feig=
heit, sind. Vorbenannte Ideen sind unendlich, ewig, in
ihrer absoluten Bedeutung nie ganz realisirbar. Unbe=
dingtes Glück der Menschen, absolute Freiheit, Treue,
Toleranz u. dgl. giebt es nicht auf Erden. Diese Be=
griffe existiren in vollendeter Reinheit nur in unserem
Geiste, wir können sie nur denken, träumen, ersehnen.
Sie verwirklichen heißt: eine Utopie im Leben ein=
führen, und jeder Versuch hierzu fällt mangelhaft,
endlich aus, und zum Schaden des Schöpfers. Be=
sagte Ideen schlummern aber nicht allein von Anbe=
ginn in der Menschheit, sondern finden sich auch stück=
weise, unter verschiedensten Formen im individuellen
Leben der Menschen zu allen Zeiten einseitig realisirt.
Es lebt kein Mensch, der nicht einen ideellen Begriff
des Glücks, der nicht aber auch in seinen vier Pfählen
eine Spanne Glücks wenigstens factisch besäße, nicht
einer Art menschlicher Freiheit, einer gewissen Duldsam=
keit, Treue u. s. f. theilhaftig wäre. Selbst unter den
Cannibalen, zur Zeit der Caesaren, der Ketzergerichte
gingen diese Güter den Lebenden nie ganz verloren.

Damit eine Idee aber wirklich tragische oder
komische Idee werden könne, muß sie auch eine gött=
liche Idee, d. h. makellos rein, eben so wahr, gut wie
schön, eine Weltidee sein, über deren Gültigkeit kein

Zweifel obwalten kann. Die Thrannei ist auch eine ewige, wahre, aber weder schöne noch reine Idee; sie ist an sich unsittlich, kann deshalb auch nie an sich zum tragischen oder komischen Kunstzweck dienen.

Ein Gedanke aber, welcher gar keine reelle, theilweise Existenz, gar keinen Boden im Menschengeiste hat, ist eine Corruptheit und keine Idee, welche weder vernunftmäßig gedacht werden, noch aus irgend einem Bedürfniß unserer Natur entspringen kann.

2.

Was ist hingegen die Tendenz?

Unter ihr versteht man jeden Gedanken, der sich unter gewissen historischen Bedingungen, zu einer gewissen Zeit, an einem gewissen Ort, in einem gewissen Theil der Menschheit erzeugt und zu wirken aufhört, wenn diese gewissen Zeiten, Gelegenheiten und Theile der Menschheit aufhören. Vor Allem ist Tendenz aber jede schwebende Idee (Tagesfrage) der Gegenwart. Man kann den Begriff: Tendenz wohl noch anders erklären, von sittlichen, erhabenen Tendenzen reden, kurz das Wort so deuten, daß sein Begriff mit dem der Idee zusammenrinnt. Dies mag im gewöhnlichen Leben gelten, in der Dramaturgie, wo es sich um Begrenzung und Vergleichung der Begriffe handelt, ist Tendenz entweder nur geistiges Streben im Allge-

meinen, also dasselbe wie Idee, oder Tagesidee. Für
Letzteres spricht aber die Art am Besten, in der man
überall jetzt das Eigenschaftswort „tendenziös" ge=
braucht. Ferner daß es keine ewigen oder allgemei=
nen Tendenzen, sondern nur solche Ideen giebt.
Endlich hat sich in der modernen Kritik der Begriff der
Tendenzdichtung dem der übrigen Dichtungen, welche
doch auch meistentheils von Ideen getragen werden,
entgegengesetzt.

Ein Beispiel zur näheren Charakterisirung von
Tendenz und Weltidee möge hier genügen:

Die Freiheit des Menschengeschlechts, wie des
Individuums, kurz Freiheit als absoluter Begriff
ist Weltidee!

Die Freiheit Italiens vom Druck der Bourbonen=
und Pfaffenherrschaft, kurz Freiheit als relativer
Begriff ist eine Zeitidee, ist Tendenz! —

Die Zeitidee (Tendenz) hat drei erhebliche Unter=
schiede von der absoluten, der Weltidee. Die Tendenz ist:

1) endlich, denn sie entsteht in einer gewissen Epoche
   und vergeht mit ihr; sie ist auch als Endliches
   ganz und gar realisirbar.

2) Da die Zeitidee nicht uranfänglich im Wesen
   unseres Geschlechts begründet ist, sondern erst in
   den Menschen zu einer gewissen Zeit entsteht, so
   findet sie sich mithin zu dieser Zeit noch nir=

gend bereits im gemeinen Leben, ja nicht einmal
stückweise verwirklicht vor, da sie ja erst im
Menschengeist geboren wurde, nun erst gedacht
wird, also vorher doch nicht thatsächlich da sein
kann.

3) Sie muß schließlich allerdings rein und makellos, muß auch sittlich sein, ist aber keine allgemeine, göttliche Idee, über deren Wahrheit nicht
erst discutirt zu werden braucht, sondern ist eine
streng irdische, ganz reelle, an Zeit, Ort und
Menschen gebundene Idee, über deren Richtig-
keit discutirt werden kann, die also nicht Jedem
absolut gültig ist.

Somit hat die Tendenz, oder Zeitidee, mit der
Weltidee gar keine weitere Aehnlichkeit, als daß sie
eben auch rein, makellos, sittlich wie Jene sein muß;
in allen übrigen Beziehungen ist sie entgegengesetzt.
Da der Tendenz nun die Unendlichkeit, absolute
Wahrheit und das theilweise Verwirklichtsein im gemeinen Leben gleich sehr abgeht, eignet sie sich nie zur
Erreichung des tragischen und komischen Kunstzwecks.
Ich kann eine sehr erschütternde Tragödie und wahrhafte Comödie über die Freiheit schreiben, indem ich
dramatisch am Helden nachweise, daß selbige sich nie
im Leben wahrhaft verwirklicht, gleichwohl aber in
enger, individueller Form seit Anbeginn Gut jedes

Menſchen iſt. Die momentane Befreiung meines Vaterlandes kann ich aber nie tragiſch oder komiſch behandeln, denn in beiden Fällen em p ö r e ich oder e n t = ſit t l ich e meinen Zuſchauer, erreiche alſo das Gegen= theil meines Kunſtzwecks. Aus dieſem Grunde ſehen wir denn auch, daß ſich die Tendenz von ſelbſt aus dem Trauer= und Luſtſpiele verbannt, um vornehm= lich im Schauſpiele ihren Sitz aufzuſchlagen, deſſen Ziele wie Anforderungen weniger hoch und ſtreng, dabei aber mannigfacher ſind.

Weil eine Weltidee unvergänglich iſt, zu allen Zeiten g l e i ch e Geltung hat, ſo verleiht ſie auch dem dramatiſchen Werke, in welchem ſie ſich wiederſpiegelt, Anwartſchaft auf Unvergänglichkeit. Die Zeitidee, Tendenz, welche die in der Luft liegende Tagesfrage als Hebel des Drama's betrachtet, drückt der Dich= tung, mag ſie ſonſt eine noch ſo talentvolle, beifalls= würdige Arbeit ſein, den Stempel der V e r g ä n g l i ch = k e i t, des Todes ſchon in der Geburt auf.

Das Tendenzdrama wird nie einfach menſchliche Conflicte, deren Darſtellung allein die Bühne gewid= met ſein ſoll, ſondern nur politiſche und ſociale Con= flicte zum Stoff ſeiner Handlung wählen, wird ſich zum Lehrſtuhle gewiſſer Partei= wie Zeitanſichten er= niedrigen, zur Tribüne der Tagesgeſchichte, von der aus Propaganda für Zwecke gemacht wird, welche wohl im äußeren Volksleben der Gegenwart eine sehr hohe sittliche Berechtigung haben, aber dem rein menschlich=veredelten Zwecke der Kunst eben so sehr den Todesstoß geben, das Theater als Kunst= und Bildungsinstitut jedem Einsichtigen eben so ekelhaft machen, wie dem Gläubigen die Kanzel werden muß, wenn von ihr politische und sociale Kapuzinaden er= schallen. Wir finden die Bühne deshalb vorzugs= weise von der Tendenz in s o l c h e n Zeiten occupirt, die von bürgerlicher, nationaler oder politischer Erregung durchlodert und erhitzt sind. Das Auditorium wird dann zum Club verwandelt, welchem durch die Acteurs die Doctrinen des Augenblicks eingeblasen werden. Wir wollen einem politischen Gedichte oder Liede, einem Epos und Roman, welche Tendenzen pre= digen, gewiß keineswegs alle Berechtigung absprechen; die lyrische Dichtungsart zumal, welche momentane wie allgemeine Stimmungen schildert, kann dies Ge= biet mit Ehren betreten und hat es oft genug mit größtem Glanz gethan; das Drama aber dient einem ganz anderen Zwecke, hat wesentlich andere Lebensbe= dingungen, als die übrigen Dichtungsarten: es soll die allgemein menschlichen Leidenschaften reinigen. Die Tendenz indeß erzeugt das Gegentheil, denn sie entflammt Leidenschaften wie Ideen, und zwar nicht reine und allgemein menschliche, sondern nur die

lokalen, durch die besondere Daseinsform der Gegen=
wart geweckten Leidenschaften und Ideen. In poli=
tischen und socialen Dingen ist die Geschichtsforschung,
die Journalistik und Publicistik, endlich die Tri=
büne allein die berufene Lehrerin der Lebenden. Der
dramatische Dichter soll die Zuschauer nicht lehren,
wie sie sich politisch und social, sondern wie sie sich in
sich als Menschen zu bilden haben. Wie ihm dieses
Gebiet von Niemand bestritten werden kann, es seine
eigenste Domaine ist, so soll der dramatische Dichter
auch das Gebiet eines Andern achtungsvoll respectiren,
nicht fremden Zwecken dienen und seine Kunst zur
bettelhaften Colportrice der Partheien und Tages=
phrasen machen. Der Tendenzdramatiker ist stets ein
Mann, welcher von der eigentlichen Höhe seiner Kunst
keinen Begriff hat und um momentanen Beifall alle
edleren Blüthen dramatischer Poesie wegwirft und
nach dem Futterkraut der Tirade greift, das so lustig
auf den politischen Wiesen grünt. Er verpflanzt sich
und sein Publikum in die Gattung der Wiederkäuer.
Wir haben es erlebt und erleben es noch, daß Zeiten
der Animosität gegen Rußland antirussische Theater=
stücke, eine allgemeine Börsenkatastrophe den „Südsee=
actienschwindel,“ eine Mobilmachung die „Lützow'sche
Zeit,“ verdächtige Bewegungen Napoleon's III. eine
Fluth von Dramen aus den „Befreiungskämpfen“

auf die Bretter zu bringen überaus eilig waren. Jede telegraphische Novität wird von einem n e u e n Couplet= vers eben so eilig wie gewissenhaft registrirt und nicht nur das Theater selbst, sondern auch die Zeitgeschichte profanirt, welche zu bedeutungsvoll ist, um ihr Urtheil von vorlauten Schwätzern gar so platt entgegen zu nehmen. Es wird immer Schriftsteller geben, welche der dramatischen Tendenzrichtung huldigen, immer Bühnen geben, welche sie aufführen, aber es ist eben so gewiß, daß damit der dramatischen Kunst als s o l c h e r Hohn gesprochen wird. Die Tendenz als Hebel des Drama's zu gebrauchen, ist künstlerisch ganz und gar verwerflich!

So entgegengesetzt nun die Weltidee von der Zeit= idee (Tendenz) auch ist, so giebt es doch Momente, in welchen Beide in einander verrinnen. Wie steht es dann? —

Ist die Tendenz dann verwerflich, wenn sie mit der allgemeinen Weltidee sich verschmilzt? Ist bei der Darstellung einer Weltidee jegliche Tendenz (Zeit= idee) stets zu vermeiden?

Es ist vorher zu bemerken, daß die Weltidee als das Ewige, Erhabenste, stets Gültige und absolut Wahre immer das Größere, das künstlerisch Berech= tigte, die Zeitidee (Tendenz) als das Endliche, nur relativ Wahre, immer das Kleinere, Unkünstlerische

ift. Daß das Größere, Wahrere stets über das End=
liche, relativ Wahre hervorragen, es, wie das Ganze
den untergeordneten Theil, in sich aufnehmen muß,
ist bewiesen. Wo also die Weltidee sich im Drama
wirklich abspiegelt in voller Klarheit, wird sie kunst=
schön sein können, wenn man immerhin auch bei ihr
zugleich an Zeitideen gemahnt wird.

Es geschieht oft, daß sich aus der endlichen Zeit=
idee das Bewußtsein und die Erkenntniß einer Welt=
idee losringt, oft auch, daß die Weltidee, sobald sie
sich documentirt, die momentane Zeitidee (Tendenz)
in sich birgt, sie anklingen läßt. In beiden Fällen
ist aber das Größere, die Weltidee, immer der Factor,
welcher wirkt. — Die theologischen Kämpfe, die
Glaubens= und Dogmenkriege des vorigen Jahrhun=
derts erfüllten Lessing mit der tiefen Sehnsucht: die
Toleranz, die Gleichheit aller Glaubensformen vor
Gott in einer dramatischen Handlung darzustellen,
dem „Nathan.“ Der „Nathan“ ward gegeben und
seine von Glaubensstreit erfüllte Mitwelt nahm das
Drama mit Enthusiasmus auf. „Nathan“ ward für
seine Zeit ein Tendenzstück anti Götze, Wöllner und
Consorten. Aber es schien nur so, denn die Toleranz
ist eine Weltidee, wird es so lange bleiben, bis wir
Alle eine Religion haben werden, und so lange auch
wird „Nathan“ verehrt und um so reiner, tiefer

empfunden werden, als man ihn jetzt ohne den pole=
misch=hämischen Kitzel ansieht, der in ihm für die da=
maligen Zuschauer verborgen lag. Nicht die dama=
lige Tendenz machte den „Nathan" unsterblich, son=
dern nur effectvoll, aber wohl die ewige Idee von
der liebevollen Duldsamkeit aller Gottesbekenner auf
Erden. Daß die damalige Tendenz diese ewige Idee
um so mehr im Publikum verstärkte, da sie in ihr lag,
versteht sich von selbst.

Seine eigene Zeit mit ihren Ideen wird dem
Dichter leicht Anlaß, sich über sie und ihre Endlichkeit
zu einer ewigen Weltidee zu erheben und die Herr=
lichkeit wie Unvergänglichkeit derselben nachzuweisen.
Der Dichter kann als endliches Wesen überhaupt ja
nur durch endliche Veranlassungen zu seiner Welt=
idee geleitet werden. Eben so wenig wird er dann der
Darstellung dieser seiner Weltidee im Drama darum
entsagen, weil sie mit der augenblicklich gültigen
Zeitidee (Tendenz) zu sympathisiren scheint. Im
Gegentheil mag ihm Das willkommen sein, als
äußeres, verstärkendes Mittel der Wirkung; nur
kann es ihm nicht um ihrer selbst willen, sondern
um seiner allgemeinen Idee willen angenehm sein.

Gesetzt: Deutschland wird seit lange schon von
dem Gerücht einer Invasion der Franzosen bedroht,
welche ihm nur Fremdherrschaft und Knechtschaft

bringen kann. Aus diesem Zeitmoment und den
Tendenzen, welche es sofort gebiert, erwächst nun
einem Dichter unwillkürlich das lebendige Gefühl:
„wie erhaben und menschlich-schön die Unabhängigkeit
sei, wie sie die Sehnsucht der Menschen ewig bewege,
obwohl sie sich doch nie wahrhaft erreichen lasse." Er
führt diese ewige Weltidee der Unabhängigkeit in
einem Trauerspiele vor und mag in ihm immerhin
alle jene bitteren, glühenden Gefühle und Mei=
nungen durch des Helden und der Seinen Mund
ausströmen lassen, welche die deutsche Nation, deren
Unabhängigkeit bedroht erscheint, zur Zeit bewegen
mögen.*) Seine tragische Idee wird nichtsdesto=
weniger Weltidee sein und bleiben, wenn sie mo=
mentan auch tendenziös anklingt. Er kann als
Künstler darum doch sicher Unvergängliches geleistet
haben. Wenn neben ihm aber zu derselben Zeit ein
anderer Dichter, gegenüber derselben drohenden In=
vasion, ein Drama gegen die Franzosen mit ihrer
„gloire" losläßt, etwa das Ende des ersten Napo=
leon, sein Bedrückungs= und Eroberungssystem zeich=
net und wie die Deutschen da gelitten und gefochten,
um damit den Groll gegen seinen Nachahmer im
Eroberungsgeschäft zu wecken, den Kampfeseifer der

---

*) „Kleist's Hermannsschlacht." —

Deutschen gegen Letzteren aufzustacheln, und ihm eine
furchtbare poetische Warnungstafel zu setzen*), so
mag das viel Jubel, viel billigen Muth, auch viel Trost=
reiches, der nationalen Eitelkeit Erbauliches haben,
aber es ist einmal, sei es noch so talentvoll geschrie=
ben, platte, kahle Tendenzmacherei. Solch' Drama
ist eine hohle, politische Fanfaronade, die morgen
schon von keinem Menschen mehr angesehen wird und
todt für ewig ist, gefällt es dem lieben Gott gerade
heute dem Eroberer einen respectablen Schlagfluß zu
schicken. Das ist der Fluch der — Tendenz! — Der
Verfasser weiß wohl, daß mancher schriftstellerische
Genosse hierüber nicht mit ihm übereinstimmen wird,
vielleicht auch nicht will; es giebt auch wohl genug
Politiker, welche die Bühne zur Arena ihrer Doctri=
nen, zum Mittel ihres Kampfes machen möchten und
von dem Theater so niedrig denken, daß sie es durch
solche Zumuthungen noch zu ehren, zu reformiren, zu
einem „Volkstheater" zu machen glauben. Wer dieser
Ansicht ist, fröhne ihr; zum Gedeihen der Kunst thut
er es wahrhaftig nicht. Nur ein politisch sehr un=
reifes, social sehr niedrigstehendes Volk, dem seine
öffentlichen Interessen mehr vergnügliche Spielwerke,

***

*) „Napoleon's Anfang, Glück und Ende" — übrigens
ein Stück, das vortreffliche Scenen hat.

als tief=ernste Aufgaben sind, gefällt sich in der bloßen
Tendenzplattheit der Bühne; eine entwickelte Nation
bedankt sich für dramatische Lehrmeister in dieser
Hinsicht. Ein echtes Volksdrama ist nicht die Dar=
stellung einer Handlung, welche Parterre und Gallerie
künstlich zu Gefühlen haranguirt, die der echte Sohn
seiner Zeit bereits naturgemäß in sich trägt, wenn er
keine hohlköpfige Memme ist, sondern ein Volksdrama
ist diejenige Darstellung, in der das Volk und in ihm
eben jeder Einzelne sein menschlich=sittliches Leben
und Treiben, Irren und Straucheln, Fühlen und
Denken erblickt und in seiner Selbsterkenntniß auch
seine Selbstachtung und Selbstveredlung findet. In
diesem Sinne sind durchgehends die Dramen Shake=
speare's, Schiller's und Goethe's Volksdramen; bei
ihrem Anschauen fühlt sich das Volk und zwar jedes
Volk, die ganze Menschheit abgespiegelt. Lasset uns
in diesem Sinne ebenfalls, so weit wir können, Volks=
dichter sein, nicht agents provocateurs, geschützt vom
anonymen Dunkel der Coulisse! —

V.

Ist die Ueberraschung im Drama verwerflich?

Man kann in der dramatischen Kunst nicht leicht eine einzelne Frage in Betracht ziehen, ohne zugleich die ganze dramaturgische Wissenschaft in ihren Cardinalpunkten zu berühren, und es giebt keine Kunst, in der alle Theile strenger verknüpft, deren Daseinsgesetze so gegenseitig bedingt sind, als die dramatische Dichtung und deren Darstellung auf dem Theater. Es wird auch schwerlich in einer andern Kunst von dem ausübenden Künstler und Kunstrichter mehr Einheit der Grundgesetze erfordert, als hier, und dennoch treffen wir heutigen Tages nirgend mehr Oberflächlichkeit und inneren Zwiespalt, als gerade auf diesem Gebiete.

Obige Frage ist auch eine jener dunklen, wenig
behandelten, wie wir deren leider so viele in der
Dramaturgie haben, ist gerade diejenige Frage, welche
sich heute am öftersten, unmittelbarsten aufdrängt
und meist mit einem Leichtsinn von Künstlern wie
Kritikern erfaßt wird, der kaum einmal in der allge=
meinen Verwilderung theatralischer Kunstzustände
seine Entschuldigung findet.

Als Verfasser unlängst nach Beschauung einer
Lustspielnovität mit einem unserer begabtesten Kritiker
das Schauspiel verließ, fragte er ihn: „Nun, wie hat
es Ihnen denn gefallen? Sie haben doch sehr ge=
lacht! Da ist ja Komik, Handlung, und eine drasti=
sche Lösung!?" — „Wie mir's gefallen hat?" ant=
wortete er. „Schlecht! — Ja, es ist komisch genug,
für Leute nämlich, die naiv genug sind! Es hat ganz
hübsche Scenen, bon, — aber ich bitte Sie um's Him=
melswillen, wo ist die Ueberraschung? — Möglich,
daß diese Lösung des Dichters noch einigen jungfräu=
lichen Seelen im Parquet unerwartet kam, wer aber
seine zehn, zwölf Jahre jedes neue Opus sehen
mußte, Liebster, der weiß schon in den ersten Scenen,
was am Ende kommen wird. Wo soll da 's In=
teresse herkommen!" — Verfasser muß gestehen, daß
er starr stand! Nicht etwa weil der Kritiker über
besagtes Stück den Stab brach, denn es war wirklich

nicht besonders stark in seinen Motiven, aber man
mußte billig erstaunen über die dramaturgischen
Grundsätze eines Mannes, der so viel Segen und
Unheil in einer Zeit stiften kann, die ohnehin in
künstlerischen Dingen ein Chaos ist! — Die Maxime,
das Theater sei ein Ort, wo man nur das Vergnügen
der Ueberraschung zu erwarten habe, theilen aber nicht
nur mit diesem Kritiker viele seiner Genossen, sondern
selbststrebend heut der größere Theil des Publikums,
der Schauspieler und der Dichter. Der Acteur will wie
der Dichter überraschen, um bewundert zu werden,
die Directoren wollen Ueberraschungen um jeden
Preis; denn sie halten dieselben für das einzig wirk=
same Mittel, Kasse zu machen. Das Publikum will
endlich überrascht sein von Decorationen, Costümen,
unerwarteten Wendungen in Situation und Handlung,
und so wird die Bühne ihres geistigen Gehalts be=
raubt und bloße Schaubude, Ort der äußeren Sin=
nenreizungen, unter welchen die Ueberraschung, die
Escamotage die allgemeinste ist. Ueberraschung ist
die Amme der falschen Bewunderung, und was diese
uns schon für Nachtheile gebracht, hat Verfasser be=
reits in Capitel III. in der „alten und neuen Schule
in der Schauspielkunst" angedeutet.

Das Drama ist zu allen Zeiten den Völkern ein
sittliches Bildungsmittel gewesen, und nur in den

Zeiten des Verfalls, als zu Athen die absolute De-
mokratenwirthschaft, in Rom die Thrannei der Cäsaren begann, letzte man sich an den Schaukämpfen
der Arena, und selbst die gerühmte atellanische Comödie (die antike Posse etwa) füllte die Theater nicht
mehr. Dahin ebenfalls wieder zu gelangen, sind wir
auf dem schönsten Wege!

Aus Gesagtem wird folgen, daß Verfasser ein ent-
schiedener Feind der Ansicht ist: daß es Zweck des
Theaters sei, zu überraschen! — Damit soll jedoch
nicht ausgesprochen werden, daß jede Ueberraschung,
oder was einer solchen ähnlich sieht, auf der Bühne
in allen Fällen zu verdammen sei. Daß sie aber nur
selten, in ganz eigener Weise, zu besonderen Behufen
und nebensächlich verwendet sein will, soll aus diesen
Zeilen hervorgehen.

Es wird dazu aber nöthig sein, festzustellen:
1) Was denn Ueberraschung eigentlich sei, und ob
man sie nicht oft mit anderen dramatischen Momen-
ten verwechselt, also für Etwas ansieht, was sie nicht
ist? — 2) Was der wahre Zweck des Theaters sei?—
3) Ob nun die Ueberraschung diesem Zweck dienen könne, wann, und unter welcher Form?

Ueberraschung im Drama ist jede unerwartete und plötzlich eintretende Handlung oder Begebenheit auf der Bühne, die uns mit Erstaunen

füllt. — Erstaunen hat aber stets die Eigenschaft des
Unerklärlichen, für den Geist Unfaßbaren, ihm momen=
tan Unlogischen! Alles, was im Drama also
unvorbereitet vor uns jäh hintritt und dessen
Folgerichtigkeit wir nicht einzusehen vermögen,
ist Ueberraschung! Eine Ueberraschung, welche man
längst voraussah, giebt es nicht! Was ich langsam an
mich herankommen sehe, sei's das größeste Glück oder
Unglück, die bewundernswertheste Erscheinung, sie
überrascht mich nicht. — Braucht sie mich deshalb
aber nicht zu erschüttern? Ja, erschüttert sie mich
nicht gar um so sicherer, je länger, je deutlicher
ich die Begebenheit oder Handlung voraussehe, je
weniger sie also Ueberraschung ist? — Hier liegt
der gordische Knoten der ganzen Frage, der nicht zer=
hauen, sondern sorgfältig gelöst sein will. Die Ueber=
raschung nämlich ist stets mit einer Art Erschütterung
verbunden, aber eine Erschütterung ist darum nichts
weniger eine Ueberraschung. — Gar zu leicht nimmt
man für solche auch jede nur plötzlich eintretende Be=
gebenheit, ganz gleich, ob sie längst vorbereitet war,
wir sie ahneten, voraussahen oder nicht. Das ist
falsch, denn das ganz Unvorhergesehene, nicht in
logischer Verbindung mit dem bisher Erlebten Stehende
bedingt allein die Ueberraschung, nicht nur das
Plötzliche! — Plötzliche Handlungen kann ein Drama

vielerlei haben, aber daß sie deshalb überraschend sein
müßten, ist gar nicht nöthig. Man sagt zwar im ge=
wöhnlichen Leben: „Ich habe diese Geschichte vor=
ausgesehen, aber da sie nun geschah, überraschte sie
mich doch!" — Diese Redensart ist wohl vulgär,
aber im dramaturgischen Sinne unrichtig; denn das
plötzliche Gefühl, welches uns bei einer Sache, die
endlich doch geschieht, nachdem wir sie voraussahen,
überkommt, ist nicht Ueberraschung, also das Gefühl
des Staunens, sondern Furcht, Schreck, Mitleid,
Entsetzen (Gelächter, im komischen Sinne), kurz, eine
tiefe Erschütterung im Gemüth, die mit dem
bloßen Staunen gar Nichts gemein hat.

Manche Beschauer werden unter Ueberraschung
etwas mehr als der Verfasser verstehen, weil ver=
schiedene Begebenheiten stets plötzlich einzutreten
pflegen, und sie das jähe, mit ihrem Eintritt ver=
bundene Gefühl, sei es ernster oder komischer Natur,
für Ueberraschung halten, während es ein viel tiefer
liegendes, gewaltigeres Phänomen der Seele, eine
tiefinnerlichste Erschütterung ist, welche uns jäh mit
der absoluten Gewißheit durchdringt, daß der gott=
ähnliche Mensch unter dem Naturgesetz seines eigenen
Charakters steht, und in diesem Bewußtsein alle sitt=
lichen Saiten unseres Gemüths sich in fast religiös
durchschauerte Schwingungen setzen.

Unter den mannigfachen, plötzlich im Drama eintretenden Begebenheiten giebt es besonders drei verschiedene Arten. Sie zeigen sich entweder alle drei in einem Bühnenwerke, oder mindestens eine von ihnen. Diese drei plötzlichen Begebenheiten sind die Peripetie oder der Glücksumschlag, die Wiedererkennung (Entdeckung) und in der Tragödie speciell das Pathos oder Leiden, in der Comödie die komische Lösung, welche sofort die Reinigung im Gefolge haben.

Der Glücksumschlag ist diejenige Begebenheit, welche uns die Wandlung menschlicher Schicksale aus Glück in Unglück, oder umgekehrt, in einem augenfälligen Beispiel auf der Bühne zeigt. Der Augenblick, in dem eine Person vor uns factisch elend oder glücklich wird, ist der Umschlag seines Geschicks. Dieser geschieht stets plötzlich, wirkt stets tief erschütternd, aber ist nie unvorbereitet. Wir müssen einen Menschen von Stufe zu Stufe steigen oder fallen sehen, wollen wir an ihm theilnehmen, soll eben jene tiefe und jähe Gemüthsbewegung in uns bewirkt werden, die im sittlichen Sinne einem Vorgang gebührt, durch den sich das ganze irdische Dasein eines Menschen vor uns eisern feststellt. Hier kann von Ueberraschung gewiß nicht die Rede sein.

Die Wiedererkennung, oder Entdeckung, ist diejenige Begebenheit im Drama, durch welche zwei Men-

schen, die, wie das Publikum vorher weiß, in naher
menschlicher Beziehung (als Brüder, Eltern, Gatten,
Freunde u. s. w.) stehen, dies aber bisher nicht wußten, von
dieser ihrer Beziehung zu einander in Kenntniß gesetzt
werden, sich erkennen und dadurch ihr bisheriges Verhältniß verändern, so daß zur ferneren Lösung oder Ver-
wickelung des Drama's beigetragen wird. Diese Erkennung selbst ist plötzlich, ist eine Ueberraschung für die
betheiligten Personen, aber gewiß nicht für das
Publikum. Wir Beschauer müssen nicht allein von
Anfang an die Beziehungen dieser Leute kennen, sondern auch ihre gegenseitige Erkennung jeden Augenblick erwarten. Der Eintritt derselben erschüttert
uns darum eben so gewaltig, weil wir die Folgen-
schwere desselben von Anfang an begreifen. Würden
wir eben so im Trüben über die geheimen Beziehungen dieser handelnden Personen bleiben, wie sie selber,
und erst bei deren gegenseitiger Erkennung über deren
eigentliches Verhältniß zu einander aufgeklärt werden,
das allerdings wäre eine Ueberraschung plattester
Art. Sie würde uns verwundern, erschüttern aber
nicht. Eins schließt das Andere regelmäßig aus. Das
Staunen, die Verstimmung, mystificirt worden zu sein,
ist dann viel größer, als die etwaige Theilnahme an
Menschen sein kann, welche uns bisher absichtlich in
jeder Weise fremd und unverständlich blieben.

Endlich ist das Pathos oder Leiden in der Tragödie: Tod, Verwundung, physische Qual auf der
Bühne, und die komische Lösung in der Comödie, als
geistige Qual auf der Bühne, als moralischer Zwang,
oder zusammengefaßt der dramatische Ausgang der
Handlung zu erwähnen. — Daß jeder Mord, jede
gewaltsame Tödtung oder Verwundung vor unseren
Augen auch plötzlich geschehen muß, liegt in der Art
dieser Begebenheit selbst. Mag Todeskampf und
Eintritt des Todes wirklich noch einige Augenblicke
zögern, die todbringende Handlung, der Mord selbst,
welcher Art er auch sei, ist plötzlich. Hierbei ist nun
die Ueberraschung gewiß nicht angewendet, darf am
wenigsten der Zufall und das Ohngefähr walten.
Unser Herz soll erzittern, wenn wir den Stahl blitzen
sehen, aber wir müssen für diese schreckhafteste, aller-
äußerste That auf der Bühne eine Reihe berechtigter
Ursachen sehen, müssen wissen, daß der Betroffene
sich dieses Leiden zugezogen hat, es verschuldete,
müssen während des Verlaufs der ganzen Handlung
dies Leiden des Helden als eine nothwendige Folge
derselben erwarten. Eben so ist es im Komischen,
wie denn überhaupt Alles von der Tragödie Gesagte
auch für die Comödie Geltung hat, nur eben im
komischen Sinne und zur Erregung des Lachens. Die
mehr oder weniger großen Erschütterungen, welche

uns Glücksumschlag, Wiedererkennung und Leiden
erregen, sind wohlweislich vorbereitete, an uns heran-
kommende, die darum gerade um so gewaltiger wirken, je mehr wir deren lawinenartigen Fall vom Ursprung an gewahren können.

Außer diesen drei plötzlichen Arten von dramatischen Begebenheiten, welche absolut nicht überraschen sollen, kann es nur wenig andere plötzliche im
Drama geben, welche nicht einer dieser drei Kategorien zufielen. Verkennungen, Mißverständnisse, Täu-
schungen überhaupt sind nicht immer plötzlich und sollen
ebenfalls nicht überraschend auf uns wirken, denn wir
erkennen ja eine Täuschung z. B. nur daran, daß
wir Andere von ihr befangen sehen, nicht uns. —
Wenn der Dichter auch manches Untergeordnete, namentlich das Wie, den speciellen Gang der Handlung
verschweigt oder vorher nur wenig lüftet, so können
wir uns das gefallen lassen, wir begnügen uns, Alles
nur zu ahnen, zu muthmaßen, aber dabei täuschen,
anführen darf er uns nicht, und jede Ueberraschung
ist, als unvorbereitet, eine Düpe, über die wir uns
nachträglich ärgern, weil sie unsern Verstand wie unser
sittliches Gefühl gleich sehr beleidigt. Hiermit also
wäre gesagt: was Ueberraschung sei, ferner welche
Handlungen und Begebenheiten öfters für Ueberraschungen angesehen werden, ohne es jemals sein zu dürfen.

Es fragt sich nun: was Zweck des Theaters, also des Drama's sei, wenn es seine wahre Bedeutung erfüllen soll. — Es kann hierbei ganz von dem Unterschiede zwischen dem antifen und modernen Drama abgesehen werden, denn Beide sind nur in den Anschauungen, von welchen sie ausgehen, aber nicht in dem Zweck verschieden, den sie zu erreichen streben. Derselbe kann nur ein einziger, ein sittlicher, ein mo= ralischer sein, und für den Menschen hienieden giebt es keinen andern sittlichen Zweck, als sich zu bessern, zu veredeln; denn so segensreich auch Glaube und Wissen, so wie das bürgerliche Gesetz an der Verer= lung der Menschen arbeiten mögen, es ist eine dritte Institution und zwar schon aus dem Schooße der alten Religionen erwachsen, welche den Menschen gerade von der Seite erfaßt, zur unmittelbaren Erkenntniß seiner selbst, seiner Leidenschaften und Fehler zwingt, welche zu erfassen dem Glauben vermöge seiner trans= scendentalen Aufgabe, der Philosophie wegen ihrer bloßen Wirkung auf den menschlichen Verstand, ver= schlossen ist, nämlich von der Seite der unmittelbaren Beschauung und Empfindung seiner Leidenschaften und Schwächen und deren allzerstörendem physischen, wie moralischen Einflusse. Diese Institution, durch welche dies vor, mit und in uns bewirkt wird, ist das Theater, ist die dramatische Dichtung.

Das Drama bewirkt, indem es uns unsere Lei=
denschaften in ihrer zerstörenden Wuth unmittelbar
anschauen, empfinden, mit dem Herzen vollständig
mitfühlen, mitdurchleben, mitleiden und mitfürchten
läßt, daß wir uns vor und für uns selbst fürchten,
uns selbst bemitleiden; es erreicht durch Erregung
von Furcht und Mitleiden in uns, daß wir unsere
Leidenschaften aus Liebe zu uns selbst reinigen. Durch
Erregung von Furcht und Mitleiden (in der Comödie
durch Lachen) unsere Leidenschaften zu reinigen, uns
schon hienieden also menschlich besser zu machen, das
ist der hohe, zu allen Zeiten gleich wohlthätig wir=
kende Zweck des dramatischen Kunstwerks und der
Institution des Theaters.

Es fragt sich nun, wie man sich die Reinigung
unserer Leidenschaften auf dem Theater zu denken
habe, und was Reinigung der Leidenschaften und
Fehler eigentlich besagen wolle. Das Gesetz hält die
Menschen von schlimmen Thaten ab, indem es durch
Strafe ihre Furcht erregt; die Religion bessert und
reinigt die Menschen, indem sie ihnen Furcht und
Hoffnung für ihr außerirdisches Loos erregt; das
Drama reinigt sie aber, indem es Furcht und Mit=
leid für ihr Geschick hienieden in ihnen erregt. Dar=
aus ist wohl schon ersichtlich, daß die bloße Erregung
von Furcht (und Mitleid) im Herzen der Menschen

6*

zugleich schon eine Art Reinigungsproceß sei, daß es schon genüge, dem Menschen Furcht, Besorgniß, Mit= leiden vor einem Uebel zu erregen, um ihn geneigt zu machen, dieses Uebel zu vermeiden. — Der Zorn ist, wie wir wissen, eine jener traurigen Leidenschaf= ten, die den Menschen selbst zum Todtschlag verführen, dem physischen und moralischen Untergange weihen können. Indem nun der Dichter diese Leidenschaft in ihrem ersten leisen Entstehen, Wachsen und ver= derblichen Verlauf vor dem Beschauer enthüllt, ihn durch dieselbe mit Furcht und Mitleid für den Träger derselben erfüllt, weckt er zugleich die Furcht des Be= schauers vor dieser Leidenschaft in seiner eigenen Brust, erfüllt ihn mit Furcht und Mitleid wegen des eigenen Looses, welches dieselbe Leidenschaft ihm in ähnlicher Weise zuziehen könne, und hat die Reinigung dieser Leidenschaft in ihm zur Folge. — Das Drama hat noch mehr zur Folge! — Wir müssen nämlich erst wissen, was unter Reinigung zu verstehen ist. Es ist nicht gesagt worden, daß Erregung von Furcht und Mitleid den Menschen von den Leidenschaften reinige, das heißt ihn leidenschaftlos mache, sondern daß durch die erregte Furcht und das Mitleid sich die Leidenschaft im Menschen reinige! Das heißt aber: die Leidenschaft solle im Menschen bestehen bleiben, aber veredelt, gereinigt werden!

Die Leidenschaften sind, dem Menschen wie die
Schwächen innewohnend, weder für die Existenz
desselben zu entbehren, noch aus ihr jemals zu ver=
bannen. Liebe, Haß, Zorn, Stolz, Ehrsucht, Neid,
Mißtrauen, Vertrauen, Furcht, Mitleid u. s. w. sind
berechtigte, naturgemäße und belebende Factoren der
menschlichen Seele, ohne welche seine körperliche wie
geistige Willenskraft, sein Dasein überhaupt auf=
hören müßte. Es kann also nicht Zweck des Drama's
sein, die Leidenschaften und Fehler im Menschen zu ver=
nichten, denn das vermag es nicht, aber wohl vermag
es sie zu reinigen, das heißt auf ihr vernünftiges Maß
zurückzuführen! Liebe ist eine Leidenschaft, Lieblosigkeit
ein Fehler. Die Leidenschaft der Liebe setzt, eben wie
jede Leidenschaft, ein Uebermaß voraus, die Lieblosig=
keit ein zu geringes Maß. Indem das Drama die
Liebe nun in ihren Extremen so darstellt, daß man
Furcht und Mitleid vor den Folgen Beider, der all=
zugroßen wie allzugeringen Liebe, empfindet, wird
dieselbe in uns auf ihr wahres Maß zurückgeführt,
gereinigt, veredelt. So erfüllt also das Drama in
Beziehung auf das sittliche Sein des Menschen den=
selben Zweck wie Philosophie und Gesetz, aber in
sinnlich=unmittelbarster Weise. Das Drama thut,
wie gesagt, noch mehr, und in diesem Mehr liegt eben
seine höchste Schönheit, sein reichster Segen. Es

begnügt sich nämlich nicht, unsere Triebe auf ihr wahres Maß zurückzuführen, will nicht etwa durch Darstellung der Eifersucht z. B. nur diese Leiden= schaft in uns mildern, damit wäre für den Beschauer nicht genug gethan, die Leidenschaft wäre nur als ein Abschreckendes vor ihn hingestellt. Das Drama soll uns diese Leidenschaft, obgleich wir sie fürchten müssen, zugleich auch lieben lehren, es soll uns mit ihr versöhnen. Eine Reinigung ohne Versöhnung wäre unmöglich, denn sie würde uns, vermöge der erregten Furcht, leicht in's andere, eben so traurige Gegentheil fallen lassen, also sich selbst aufheben! Deshalb ist vor allen Dingen nothwendig, daß das Drama nicht blos allein die dargestellte Leidenschaft in uns selbst mäßige, sondern daß sie die in uns durch sie erzeugte Furcht und das Mitleid (in der Comödie Lachen) vor allen Dingen selbst reinige, das heißt, auf das rechte Maß bringe. Fürchten wir nämlich die Leidenschaft der Liebe zu sehr, so werden wir leicht lieblos; fürchten wir die Lieblosigkeit zu sehr, werden wir leicht übermäßig lieben; fürchten und bemitleiden wir die Liebe oder die Lieblosigkeit in ihren traurigen Folgen zu wenig, so sind wir zufolge unserer falschen Sicherheit bereits der einen oder andern schon preisgegeben. Also ist gerade die übergroße oder zu geringe Furcht, das übergroße oder zu geringe Mitleid die Ursache

aller menschlichen Leidenschaften und Fehler, und in=
dem das Drama durch Erregung von Furcht und
Mitleid unsere eigene Furcht wie unser Mitleid reinigt,
reinigt es nicht allein die dargestellte Leidenschaft,
nein, hauptsächlich die Wurzel aller Leidenschaften
in uns, nämlich Furcht und Mitleid für uns selbst.
Deshalb, weil Furcht und Mitleid das Ingrediens,
der primitive Keim aller Leidenschaften ist, so sind
ihnen auch alle Leidenschaften verwandt.

Zweck des Theaters, des Drama's ist also, durch
Erregung von Furcht und Mitleid (im Lustspiel
Lachen) Furcht und Mitleid (Lachen), also die Leiden=
schaften in ihren verborgensten Ursachen zu reinigen,
auf jenes sittliche Maß zu bringen, welches die mensch=
liche Glückseligkeit und Würde, seine Gottähnlichkeit
sicher stellt!

Kann denn nun die Ueberraschung diesem höchsten
Zweck der dramatischen Kunst dienen? — Wann und
unter welcher Form? — Dienen kann sie der dra=
matischen Kunst gewiß, so himmelweit sie auch davon
entfernt ist, Zweck derselben zu sein. Man hat sich
auch der Ueberraschungen zu allen Zeiten, aber neben=
sächlich bedient, also da, wo sie, statt den logischen
Gang der Handlung und dessen Klarheit zu hindern,
ihn befördert, verstärkt, oder wo sie bestehen kann,
ohne den Beschauer der Illusion und Empfindung

der dargestellten Leidenschaft zu berauben, seine Stim=
mung zu trüben. Glücksumschlag, Wiedererkennung
und der Abschluß, oder die Lösung vertragen die
Ueberraschung an sich nicht, sie sind im Drama als
die Lebensstadien der dem Helden innewohnenden
Leidenschaft oder seines Fehlers zu betrachten. Eben
so wenig kann die dargestellte Leidenschaft in irgend
einem andern ihrer Momente Ueberraschung dulden.
An der Leidenschaft darf uns eben so wenig, wie am
Helden, nachdem wir ihn, wie sie erkannt haben,
etwas überraschen, beide müssen sich von Anfang an
so klar vor uns entwickeln, wir müssen den Ausgang
der Handlung so sicher voraus empfinden, daß eben
mit dem nahenden Ausgang unsere Furcht und unser
Mitleiden (Lachen) zu der Höhe wächst, welche für das
Phänomen der Reinigung dieser Leidenschaften und
deren Versöhnung nöthig ist. — Das Drama aber,
wenn es auch die tragische Leidenschaft des Helden
darstellt, um seinen Zweck zu erreichen, wird doch
durch den Helden nicht allein bewirkt, sondern auch
durch seine Umgebungen. In den Handlungen und
Begebenheiten dieser werden wir die Ueberraschung,
da wo sie wirksam und der Hauptabsicht dienlich ist,
zulassen, doch muß sie dann ihre nachträgliche Erklä=
rung finden. Besonders wird man im komischen
Genre, im Intriguenstück weniger streng zu sein

brauchen, sofern nur die Ueberraschung nicht als
Zweck des betreffenden Drama's erscheint und die
darin dargestellten Leidenschaften nicht selbst durch sie
gefährdet werden. In den dramatischen Feerien, dem
Märchen ist natürlich der Ueberraschung noch mehr
Spielraum gegönnt.

Das erlangte Resultat wäre folgendes:

Ueberraschung zu erregen, ist nicht Zweck des
Drama's, wohl aber Mitleid und Furcht (Lachen) zu
erregen und diese Leidenschaften in uns zu reinigen.
Hingegen der Handlung und dem künstlerischen Zweck
des Drama's als untergeordnetes Moment kann die
Ueberraschung dienen, namentlich in den Neben=
personen. So unvorbereitet aber auch dem Be=
schauer die Ueberraschung dann entgegentreten mag,
muß sie schließlich doch ihre logische Begründung
im Verlauf der Handlung finden. Ueberraschung,
die nicht einmal nachträglich unsere Billigung er=
wirbt, ist im Drama ganz unbedingt verwerflich.

VI.

Bemerkungen über das Lustspiel.

Das komische Genre des recitirenden Drama's ward in diesen Blättern bisher noch nicht näher und für sich allein in's Auge gefaßt, sondern nur in Begleitung des ernsten erwähnt, ja letzterem scheinbar ein größerer Spielraum eingeräumt. In den Capiteln II., IV. und V. ist mehrfach aber schon angedeutet worden, daß alles von der Tragödie und ihrer Wirkung Gesagte auch auf die Comödie, aber nur im umgekehrten Sinne (der Lächerlichkeit) passe.

Wenn wir uns nun mit dem Lustspiel, der Comödie, beschäftigen, über welche die dramaturgischen Definitionen sich noch viel verstreuter, verhüllter, weniger geklärt in den Werken unserer Lehrmeister vorfinden, als über das ernste Genre, so gilt es, zu=

nächst kurz hinzustellen, was betreffs des Lustspiels
vorher gesagt worden ist.

In Cap. II. ist die Comödie bezeichnet: als die
Darstellung einer scherzhaften, erheiternden Begeben=
heit durch gegenwärtig handelnde Personen, welche
L a ch e n erregt.

Zweck der Comödie ist: indem sie eben das Lachen
des Beschauers erregt, das L a ch e n desselben, das
heißt die Eigenschaft: Dinge l ä ch e r l i ch zu finden, zu
reinigen, auf ihr sittlich vernünftiges Maß zu führen,
wie in demselben zu stärken.

Wie von der Tragödie ihr Zweck ermöglicht
werden soll, ist schon verdeutlicht, nämlich durch
die Leidenschaft, oder durch die mit einer Leidenschaft
verbundene oder von ihr unterstützte Idee.

Die Comödie soll aber Lachen erregen und da=
durch zugleich in eben bemerkter Weise reinigen.

Was ist L a ch e n? —

Wir haben es vorher eine Eigenschaft des Men=
schen genannt. Sie ist es, denn was ich am Wesen
des Menschen bemerke, ist immer eine Eigenschaft.
Deren hat er aber unglaublich viele und verschiedene.
Es giebt Verstandes= wie Gemüths=Eigenschaften,
Körpereigenschaften und sinnlich=technische. Letztere
sind entweder Gewohnheiten oder Fertigkeiten. Möge
man das Lachen nun eine sinnliche Eigenschaft (Ge=

wohnheit) oder, edler erfaßt, eine Gemüthseigenschaft nennen, jedenfalls ist sie unwillkürlich, unbezwinglich.

Wer etwas wahrhaft Komisches, Lächerliches erlebt, muß in demselben Augenblicke lachen und sei er noch so wenig dazu gestimmt, sei noch so ernst, oder der Vorgang ist n i c h t wahrhaft komisch, oder lächerlich. Das Lachen wie das Weinen ist uns angeboren, wir können uns demselben so wenig, wie der Liebe, der Wehmuth, dem Zorn, dem Stolz oder dem Mißtraun entziehen. Das Lachen ist eben auch eine Leidenschaft, aber nicht wie alle anderen mit Furcht und Mitleid verwandt, sondern sie ist dessen K e h r s e i t e.

Wer lacht, der ist gleich weit von Furcht und Mitleid e n t f e r n t, und wenn diese Letzteren eine Art positiver, ist das Lachen die negative Elektrizität in unserer Psyche. Wird in der Comödie also das Lachen durch sich selbst gereinigt, so soll in ihm, wie bei der Tragödie, eine bestimmte Leidenschaft durch sich selbst gereinigt werden, aber eine Leidenschaft, die der tragischen Leidenschaft entgegengesetzt ist.

Die einzige, von Hause aus komische Leidenschaft ist nun das L a c h e n.

Wie ferner alle anderen Leidenschaften (resp. Fehler) mit Furcht und Mitleid v e r w a n d t, deshalb

furchtbar und mitleidvoll sind, so sind auch eben
so sehr alle Leidenschaften (resp. Fehler) mit dem
L a ch e n verwandt, deshalb lächerlich. Jegliche
Leidenschaft, (sogar das Lachen selbst) das wissen wir
bereits, kann Furcht und Mitleid erregen, jede Leiden=
schaft, (genau dieselbe, welche tragisch wirkt,) also auf
Furcht und Mitleid, kann auch lächerlich werden.
Eben so gut kann das auch jede Idee (als Mittel zu
komischem Zweck). — Wie so? —

„Vom Erhabenen zum Lächerlichen ist nur ein
Schritt" sagt der Dichter.

Jede Leidenschaft (wie Idee) hat nach beiden Sei=
ten hin ihre Extreme, die sich in dem Schritt vom
Tragischen zum Lächerlichen eben berühren.

Der Zorn kann in seiner tragischen Gestaltung
Furcht und Mitleid erregen, eben so z. B. die Idee
der Gleichheit, aber Zorn (Gleichheit) kann in seiner
komischen Gestaltung eben so erschütterndes Lachen
bewirken. Doch nicht die blos lächerlichen Leiden=
schaften oder Fehler etwa n u r sollen gereinigt werden,
sondern ganz besonders vor allen Dingen ihr Grund
und Zweck, das L a ch e n s e l b s t, nämlich die Eigen=
schaft, oder nunmehr besser gesagt: die L e i d e n =
s ch a f t, D i n g e l ä ch e r l i ch z u f i n d e n, zu reini=
gen, auf ihr sittlich vernünftiges M a ß zu führen,
wie in demselben zu stärken.

Ein Volkssprüchwort sagt: „An vielem Lachen erkennt man einen Narren." Ein eben so großer Narr
aber ist, wer über gar Nichts mehr zu lachen ver-
meint. Gänzlicher Mangel, wie Uebermaß sind die
beiden Extreme und diese auf ihr vernünftiges Maß
zu bringen, ist allein Zweck der Comödie.

„Das Lächerliche" sagt Biese (d. Phil. d.
Arist. II. 696.) ist der Mittelpunkt der Comödie und
zwar Das, welches eine Art des Häßlichen ist,
das, als in sich selbst widersprechend, verunstaltet.
Eben so kann man sagen ist die Leidenschaft
überhaupt, als das Maßlose stets ein Häßliches,
deswegen führt ja die Katharsis, indem sie das Lachen
wie die Leidenschaft reinigt, Beide auf ihr rechtes
Maß, das der Schönheit, zurück. Daher kommt die
edle Lustempfindung, welche der kathartische Ausgang
in uns erzeugt. Schon in dieser Analogie des Häß-
lichseins beweist sich, wie Lachen eine Leidenschaft
ist, dessen Zuviel eben zu reinigen ist. —

Wie führt das echte Lustspiel nun unsere Leidenschaft des Lachens auf ihr vernünftiges Maß zurück,
so, daß man nicht über Alles lache, sondern nur über
Manches; daß man nicht zu viel lache, noch zu wenig,
daß man Nichts verlache, sondern nur das Lächerliche in rechter Weise belache?

Indem die wirkliche Comödie uns zeigt, Nichts in der Welt sei so ausschließlich lächerlich, es habe nicht auch seine sehr ernste Seite, wir also vor dem Verlachen uns zu hüten haben, und Nichts sei ernst genug, um nicht auch gründlichst lächer= lich werden zu können, wir also in starrem Ernste selber dem Fluche des Lächerlichen verfallen.

Man lacht eben nur über den Ernst, der sich lächerlich macht, oder über die Lächerlichkeit, die sich den Ernst anmaßt. Ueber Ernstes, das in nur ernster Gestalt sich zeigt, über absolut Dummes, das in dummer Gestalt sich zeigt, lacht nur der Bildungslose, der Narr, oder das gedankenlose Kind! Wir können mit sittlicher Berechtigung über Das nur weinen, was uns Schmerz, über Das nur in ästhetischem Sinne lachen, was uns ein Gefühl der höchsten Herzens= lust erzeugt. Aus Lust lachen, aus jener reinen, geistigen und Gemütsheiterkeit ist ein sittlicher Genuß unseres inneren Menschen, aber es ist eine unendliche Qual, wenn nur unser Cadaver in Eruptionen geschüttelt, unser Zwerchfell mit dem groben Striegel ordinärster Lazzis und Arlequinaden, und jenem Unsinn gekitzelt wird, der aus den Schenken und schmutzigen Winkeln der Libertinage aufgelesen wird.

Das kunstschöne Lustspiel stärkt und erzeugt in uns

ein selbstbewußtes Maß reiner Fröhlichkeit, die mit
heiteren, sonnenhellen Maienaugen die Dinge dieser
Welt anschaut, es lehrt uns, im Drange der Tage
versimpelte, gehetzte Menschen das Leben troß sei=
ner Thorheit und Nichtigkeit lieben und aus
jedem Irrthum den Kern menschlicher Hoheit, die
Ueberzeugung ziehen, daß sich selbst in der Lächer=
lichkeit und Irrigkeit unseres Seins die un=
endliche Bestimmung unserer Natur wieder=
spiegle!

Dies innerste geistige Resultat des Lustspiels
trifft mit dem des Trauerspiels ganz und gar überein,
es sind nur gewissermaßen zwei Wege, der der Thrä=
nen, der der Freude, welche wir zu dem einen Ziele
wallen, das sich nennt: zufriedenes Genügen
und würdevolles Maß in allen Fällen des
Lebens! Deshalb ist das Lustspiel dem Trauer=
spiele auch vollständigst ebenbürtig! Ganz gleich, ob
die Leidenschaft oder die Idee das Mittel zu Erregung
des Lachens in einem Lustspiel geworden, das Resul=
tat bleibt dasselbe. Solger sagt S. 103: „Erhält
sich auf die Weise, daß die Idee des Schönen sich
ganz in die Zufälligkeit und die Beziehungen des
gemeinen Lebens verliert, die Idee durch das gemeine
Leben in der Existenz, so ist dies das Komische."

Wenn das Ideal in's gewöhnliche Leben herab=
gezogen wird, so wird das gewöhnliche Leben ver=
nichtet, damit die Idee frei werde, das ist ein tragi=
sches Resultat, dessen Folge Reinigung von Furcht
und Mitleid ist, wenn aber das gewöhnliche Leben
sich zum Ideal erheben will, wird es gedemüthigt,
das ist ein komisches Resultat. In beiden Fällen
aber zeigt es sich, daß dies Leben ohne Ideale un=
erträglich und das Ideale ohne dies endliche Leben
existenzlos wäre. Im echten Lustspiele lacht unser
Herz, jauchzt unser Geist, in der Farce haben wir
nur gewaltsames Bauchgrimmen. Wo wir die herz=
liche, sittliche Lachlust nicht empfinden, das ist nicht
lustig, ist kein Lustspiel, und mag es voll Narrheiten
strotzen. Sollen erst noch Beispiele wahrhafter
Comödien genannt werden? „Der Widerspänstigen
Zähmung", „Donna Diana", und ich scheue mich gar
nicht, auch hinzuzufügen „Mit der Feder" von Sig=
mund Schlesinger.

Man wird sagen, viele von den Werken, welche
heute als Lustspiele gelten und sehr belustigende
Situationen haben, erfüllen den angegebenen Zweck
nicht!

Dann sind es eben keine Lustspiele, sondern
entweder Schauspiele mit Lustspiel=Situationen und
Charakteren, oder Zwittercomödien, die auf der

Grenze von Luftspiel und Poffe stehen, ohne zu einem
oder dem andern Genre zu gehören. Daß von den
genannten Gesichtspunkten aus und auf den ange=
führten Zweck des Luftspiels hin Fabel und Charaktere
angelegt und durchgeführt sein müssen, versteht sich
eben so von selbst, als daß (wie schon in Cap. II. an=
gedeutet worden,) die komische Idee, ohne von einer
komischen Leidenschaft u n t e r s t ü tz t zu werden, nicht
d e n k b a r ist.

VII.

Die heutigen Rechtsverhältniſſe der Deutſchen Bühnen.

———

1.

Die erſte Stütze eines Volkes, eines Standes, die erſte Bedingung jeglicher Verbindung der Menſchen iſt die Treue; die andere iſt das Recht. Die Treue und das Recht waren jenen Alten heilig, welche uns an Höhe der geiſtigen Bildung, an Reinheit der Kunſtbeſtrebungen noch immer voranleuchten. Sie galten als das Zeichen antiken Bürgerthums; ohne ſie konnte man kein Bürger ſein. Dieſe beiden Tugenden, nicht das gefräßige Schwert nur, erhoben Rom zur Herrſcherin der Welt.

Kein Gebiet des modernen Lebens aber iſt weniger

7*

von Treue und Recht durchdrungen, in keiner Sphäre
ist Rechtlosigkeit und Treulosigkeit so oft, so leicht
begangen, so wenig von der Staatsgewalt controlirt,
als im Bühnenwesen. Und doch dürfte es kaum ein
anderes Lebensverhältniß geben, wo Treue und Recht
so dringend Noth thäten, so tief in das ganze Men=
schenleben, in die Existenz einer ganzen Gesellschafts=
Klasse einschnitten, als im Schauspielerstande.

Wir mögen in jedem andern Stande mit dem
geschriebenen und verbrieften Rechte ziemlich gut
ausreichen; ich kann im Handel selbst mit einem
notorischen Gauner verkehren, der eben meinen Vor=
gänger betrog, denn ich habe meine zwei Augen, habe
Advocaten und Sachverständige, habe endlich Crimi=
nalpolizei und Jury. Das Alles trifft bei der
Bühne nicht zu; es langt für sie eben so wenig aus,
als das bloße Landrecht jemals in der Welt eine
Familie zusammengehalten hat.

Das Verhältniß, in dem die Mitglieder einer
Bühne zu einander und ihrem Director (wie umge=
kehrt) stehen, seien es die eines Hoftheaters oder einer
reisenden Gesellschaft, der alten Scena der So=
phokleischen Epoche zu Athen, des Pompejus=Theaters
zu Rom unter den Cäsaren oder die Mimen von
Treuenbrietzen und Temeswar, seit jener Zeit, wo
zum ersten Male

„— Phöbus Karr'n
Kommt angefahr'n
Und macht erstarr'n
Des stolzen Schicksals Zier!" —

seit Shakespeare, Schröder bis an's Ende aller
Menschen= und Comödientage ist das Verhältniß
zwischen Director und Mitgliedern das des Patro=
nats, des von der antiken Welt überkommenen und
ewig jungen Patronats. In dasselbe wird auch der
Theaterdichter zum Theil unwillkürlich hineinge=
zogen.

Das Verhältniß zwischen Patronen und Clienten
war vormals nicht sowohl das des bloßen bürger=
lichen Rechts, als vielmehr das der Treue, des Ver=
trauens und der Billigkeit, ein Pietäts=Verhältniß,
ähnlich dem des Vaters zu seinen Kindern. Frei=
willig, als ein freier Mann wählte der Client
(Schützling) den Patron (Schutzherrn), der ihm
dann mit Rath und That zur Hand ging, der ihn
vor dem Richter, vor der Welt, gegen seine eigenen
Genossen selbst in seiner Person vertrat. Freiwillig
gewährte der Patron ihm dies Alles gern, war aber
eben so in jeder Gefahr des Leibes und der Ehre ganz
sicher, sein Client werde ihm folgen, ihm helfen, wie
er ihm geholfen, und kein noch so ehernes Gesetz der
alten Welt konnte Einen von ihnen Beiden zwingen,

wenn sie das Gefühl der Treue, der Achtung und des Vertrauens für einander verloren hatten.

Aus diesem alten, den modernen Weltkindern recht wunderlich klingenden Pietäts-Verhältniß, das erst unter den Römischen Kaisern mehr und mehr aufhörte, so daß dann die Clienten nur noch den bezahlten Hofstaat ihrer Patrone ausmachten, sind auch die ältesten Schauspielerbanden erwachsen, so im alten Griechenland wie in Rom, wo der Aedil (eine Magistratsperson), welcher dem Volk das Schauspiel gab, der Director war. Dies Verhältniß besteht noch heut bei jedem guten Theater-Institute. Dem Schauspieler von Fach brauchen wir's nicht erst zu sagen, er weiß es gut genug, selbst wenn er lächerlicherweise es aus falschem Stolze nicht gestehen wollte. Das große Publikum aber wird verwundert fragen: „Wie so denn? — Da sehe man doch Fräulein X., was sie dem Director zu rathen aufgiebt! — Und Herr D., hat er nicht eine Villa wie ein Lord und nimmt sich die besten Rollen? — Hat Frau O. nicht 5000 Thlr. Jahresgage und halbjährlichen Urlaub, begras't Fräulein S. nicht alle Bühnen so weit die deutsche Zunge klingt mit Gastspielen und streicht halbe Tageseinnahmen ein? Ist das nicht ein Crassus-Leben? Heißt das nicht, im Vergleich mit jenem untergeordneten Verhältnisse der

Clienten zu ihren Patronen, volle Selbstständigkeit, was so große Ueppigkeit, so tollen Uebermuth er= zeugt?"

Du lieber Himmel! — Plunder, Schein, künst= liches Treibhausdasein ist eben Alles! Abnormi= täten, Ausnahmezustände beweisen nur die Verkom= menheit einer Epoche, das Lügenleben dieser und jener Existenz; für den wahren Zustand einer ganzen Berufssphäre aber, für das natürliche Verhältniß eines ganzen Standes beweisen sie Nichts, ja nicht einmal, daß diese Kunstlumina und Bühnenkometen in dem eigentlichen Nerv der Sache, in ihrer Stel= lung zu ihrem Chef besser daran sind, als jener arme Mime einer kleinen Truppe, der seinem Director ge= rührt die Hand küßt, wenn er ihm „endlich einmal eine Rolle" gegeben hat. Ob Ihnen wohl, verehrte Frager, Fräulein X. und Herr D. mittheilen, wel= chem Ursprung sie ihren Einfluß auf den Director, diese Villa und jenen Brillantschmuck verdanken, mit welch' hohnvollen Erniedrigungen sie erkauft wurden? Hat Ihnen Frau D. mit den 5000 Thlrn. und die kunstreisende S. je vertraut, mit welch' sauren Directionspillen ihr chimärisches Loos verknüpft ist, wie sie mindestens zwei Drittel jener Unsummen für Reclame=Fabrikanten, Recensionsschmiede, Claqueurs und einen unsinnigen Kleiderstaat hingeben, um

sich nur krampfhaft auf einer schwanken Höhe zu
erhalten, die das „Alter mit keuchendem Tritt“ jede
Secunde vermindert, und die der Director und
Regisseur, sobald er feindlich gesinnt ist, bei der
ersten Gelegenheit zu einem ganz haarsträubenden
Fiasco machen kann? —

„Wie ist das möglich?“ wird man rufen! —
Nun, eben durch das nicht auszumerzende unterord=
nende Patronats-Verhältniß zwischen Director und
Mitgliedern, durch die ursprüngliche, unverwischbare
Natur desselben. — Gestatte man das Mysterium
ganz aufzudecken!

Ein Gemälde oder Musikstück muß Stimmung
haben, um Stimmung im Genießenden zu erregen,
kurz gesagt, um zu wirken. Der Künstler ist nur
dann fähig, ein Kunstwerk zu schaffen, wenn er die
erforderliche Stimmung in sich hat, sie alsdann frei
in sein Gebilde ausströmen kann. Das ist die Basis
aller Kunst. Um Schauspieler zu sein, seine Rolle
spielen zu können, muß man die Stimmung der Rolle
haben. Die vollendete Stimmung jedes Kunst=
werks, die ästhetische Befriedigung, welche es ge=
währt, seine Lebensfähigkeit, beruht ferner auf dem
inneren Zusammenhange, der Harmonie, dem Eben=
maße seiner verschiedenartigen Theile. Ein Bild
ist nur möglich durch Farben, welche vermöge Zeich=

nung, Licht und Schatten, ihren gegenseitigen Aus=
druck, ihre Basis und Grenze erhalten, das Drama
nur möglich durch Schauspieler, welche durch ihre
darzustellende Rolle (die Art des ihnen gegebenen
Charakters, der Leidenschaft und Handlung also) in
Harmonie mit der ganzen Dichtung treten. Eine
Bleistiftzeichnung kann meisterhaft sein, ist aber
nimmer ein Bild; ein Drama ist an sich nur einem
farblosen Carton vergleichbar, dem erst die Bühne
die Lebensfarbe des Gemäldes giebt. Ein Bild
zeichnen und auch malen, kann der Maler. Ein
Musikstück componiren und auch spielen, kann allen=
falls der Musiker, ein Drama kann der Dichter dich=
ten, aber es spielen — dazu gehört der Schauspieler,
und nicht Einer, sondern so viele, als das Stück Perso=
nen hat, dazu gehören ferner noch Decorationen,
Costüme, Statisten, Maschinen, kurz der ganze Orga=
nismus des Theaters. Alle Theile müssen sich in
einander finden, sich gegenseitig anschmiegen, dem
Regisseur und Director, der das Ganze im Auge
haben muß, sich freiwillig unterordnen, wenn auch
nur das Kleinste, Lumpigste gerathen, das Leben einer
Dichtung nicht jede Secunde am dünnen Faden des
Zufalls hängen soll. Die Stimmung, in welcher der
Schauspieler auf die Scene treten soll, die er haben
muß, um selbst Stimmung im Zuschauer zu erregen,

die Illusion seiner Rolle, vermöge welcher seine
Person belebt wird, ist durch die Böswilligkeit eines
hämischen Collegen, durch eine unselige Differenz
mit dem Director, Regisseur, Requisiteur oder Gar-
derobier wie ein Windhauch verflogen, und kein Gott
bringt sie ihm in alter Frische wieder.

Ja, Illusion und Stimmung versetzen den Schauspieler in jenen ekstatischen, überaus reizbaren Zustand, wo „das Schlachtroß steigt, und die Trompeten
klingen!", versetzen ihn in jene genialische Verrückt-
heit, die ihn Erde, Himmel und — Schulden ver-
gessen, allein Carl Moor, allein Fiesco sein läßt, wo
die getünchten Lappen wirklich Marmorhallen werden,
durch die sein klirrender Eisenschritt dahindröhnt, und
ihm ist, „als ob das durchlauchtige Genua auf seinen
Schultern sich wiege!"

Daher kommt es, daß die Schauspieler auf der
Scene (aus dem Parquet gesehen) Götter, hinter der
Scene unzurechnungsfähige, närrische Gesellen, im
ungeschminkten Privatleben sehr nervöse Menschen-
kinder sind.

Welche Courtoisie, welche zarte und doch ener-
gische Behandlung, welche Sachkenntniß und objective
Ruhe, welche Unpartheilichkeit und wie viel reiner
Wille gehört nicht von Seite des Intendanten,
Directors und Regisseurs dazu, dies tolle, wunder-

liche Häuflein zum Kunstzweck zu vereinen? Ja,
würde es mitunter nicht ganz mißglücken, wenn der
Trieb der Künstlerehre, die Herzensbegeisterung nicht
wäre?!

Ein wohlwollender Director kann seinen Mimen
fördern, ihn hoch über seine Genossen erheben, das
winzigste Talent zu einer Art von Bedeutung brin=
gen. Ein Director, welcher haßt, kann den tüch=
tigsten Künstler systematisch ruiniren, eben so wie der
Groll eines Schauspielers eine ganze Vorstellung
über den Haufen werfen, die lange unendliche Mühe
eines Bühnen=Chefs oder Regisseurs in zwei Stunden
zu Wasser machen kann.

Ist denn das etwa kein Verhältniß gegenseitiger
Abhängigkeit? Ist es denkbar ohne die edelste Uebung
der Treue, ohne Billigkeit und Vertrauen von beiden
Seiten? —

Was das Verhältniß zwischen Mitglied und
Director so recht zu einem Patronats=Verhältniß
macht, das ist der Umstand, daß der Schauspieler
absolut und unbedingt abhängig vom Director, der
Director aber nur relativ, nur in gewisser Beziehung
abhängig von seinem Schauspieler ist. Was dem
Director Herr A. und Fräulein N. nicht spielt, das
spielt ihm der rollenhungrige T. und die gefallsüch=
tige Frau K. mit Freuden, und die Theater=Agenten

rekrutiren sein Institut immer wieder neu. Der
Schauspieler dagegen ist vom Director in Allem ab=
hängig. Sein Director kann ihm Rollen versagen
und entziehen, ihn selten spielen lassen und so aus den
Augen, aus dem Sinn des Publikums rücken, ihn in
der Gage erhöhen, selbige durch Strafen, für die leicht
Anlaß ist, verkürzen, ihm Vorschüsse und Urlaube
verweigern, Costüme nicht statuiren, ihn chicaniren
bis zum Wahnsinn und zwar Angesichts seiner rivali=
sirenden Genossen, Angesichts der Welt und mit dem
Contract in der Hand. Denn daß er, der Director,
Treue, Billigkeit und Vertrauen spenden soll „er
kann's nicht finden, 's ist nicht in dem Schein!" —
Was will denn der Schauspieler thun? Ihn wieder
ärgern? — So ist der offene Skandal proclamirt.
Was hilft da ein Contract? Giebt es nicht für
beide Theile eine gar schöne Manier, jeden Para=
graphen mit aller Gemüthsruhe zu umgehen, ohne
daß Frau Themis mit der subtilsten Wage den
Director oder Schauspieler zum Wortbrüchigen
machen könnte?

Nichts bindet den Schauspieler mit Liebe an ein
Institut, läßt ihn zu höchsten Schöpfungen sich ent=
flammen, fehlt ihm das Vertrauen zu dem artistischen
Genius, der leidenschaftlosen Unpartheilich=
keit, Kunstbegeisterung und starren Redlich=

keit seines Directors! — Nichts bindet den Director
an seine Mitglieder, als daß er ihrer Lust und Liebe,
ihrer Hochachtung vor seiner Leitung, ihres unbeding=
ten Vertrauens, kurz, ihrer Treue zu ihm sicher ist.
Er ist dann ein genialer Director und der größte Ge=
schäftsmann obenein, wenn er weiß, Jeder der Seinen
ist wirklich an seinem Platze, wenn er weder Vor=
liebe noch Haß kennt, ihm der Episodenspieler und
Statist zum Gelingen des Ganzen ein eben so hoch=
achtbarer Mensch und höchst nöthiger Helfer ist, wie
nur immer der erste Held. Er ist ein genialer Büh=
nenlenker, wenn er, gleichsam im Sinne des Pietäts=
Verhältnisses jenes alten Patronats, als ein treuer
Vater über seine Bühnenkinder wacht, ihre kleinen
Unarten, Schwächen und Verrücktheiten theils tolerirt
oder abgewöhnt und die ungleichartigen, einander
widerstrebenden Elemente durch ihr gegenseitiges
Gleichgewicht bändigt.

Ja, moralischer Halt, sittlicher Stolz, Achtung,
Wetteifer, Vertrauen und esprit de corps, kurz, was
in dem antiken Begriffe der Treue nur schlummert,
was mit juridischen Clauseln und Paragraphen noch
gar Nichts, mit der Hoheit der dramatischen Kunst
aber Alles zu schaffen hat, ist Lebensbedingung des
ganzen Standes! Ohne Treue ist beim Theater
Nichts zu machen, ein Contract nur ein Blatt Papier,

das sich selbst Lügen straft. Heilig sei in der Kunst
die Treue! —

Und wo ist sie's denn noch? Wo ist jene Basis
von Vertrauen, Rechtlichkeit und Billigkeit? „Man
wird nicht viel finden, thät' man auch hundert Later-
nen anzünden!" — Was heute meistens Directoren
und Künstler zusammenbindet, das ist selten ein
dauerndes, auf Achtung und innerer Anerkennung
beruhendes Verhältniß, sondern nur der momentane Profit, die gegenseitige Ausbeutung, das Raffi-
nement der bloßen Geldmacherei, der Ruhmfabrikation
eint sie, ganz gleich, womit Geld gemacht, wie Auf-
sehen erregt wird!

Das vielfache Abschütteln des natürlichen Patro-
nats-Verhältnisses heut zu Tage ist nur ein künst-
liches, eingebildetes; hat aber den immer tieferen
Verfall theatralischer Kunst und andererseits ein
Proletariat zur Folge, wie es scheußlicher, entwürdi-
gender und entarteter in keinem andern Stande sich
vorfindet. Daß talent- und charakterlose Menschen
zu allen Zeiten untergingen, ist gewiß; aber ein so
massenhaftes Elend wie heute am Theater gab es noch
nie! Wer geht nicht Alles zur Bühne, und wer fällt
nicht Alles ab! Notorisch öffentliche Dirnen werden
von Leuten, welche an großen Kunst-Instituten situirt
sind, zu Schauspielerinnen dressirt! Wie, kann man

sich denken! Warum? Weil sie ein Sündengelt
bezahlen, das sie mit Schmach erworben! Oeffent-
liche Dirnen werden von Theater-Agenten an Directionen adressirt und engagirt, die Bühne wird ein
Schaufenster für Menschenfleisch, die Künstler Kleider-
gestelle für Modeschneider, und der gilt als Director
comme il faut, der sich stets mit „frischer Waare"
zu versehen weiß, der, wenn er wirklich ein paar gute
Schauspieler hat, sie abhetzt, auspreßt, so viel wie er
kann. Denn die Effectreiterei, der Schwindel und
die schonungsloseste Verprassung aller Gaben der
Natur bringt Geld. Sind die Menschen abgenutzt,
weg mit ihnen! Mögen sie am Ende betteln oder,
den Tod im Herzen, in den Tavernen kleiner Städte,
den Winkeln der Vorstädte ihr Gauklerhandwerk
schließen! Der Teufel segne es ihnen!

Ich male stark und düster; aber leider nur zu
richtig, denn die Beispiele dafür sitzen mir schon auf
den Lippen. Ja, nur wo Treue und Vertrauen,
Rechtlichkeit und Billigkeit im Geiste des alten Patro-
nats-Verhältnisses noch an einigen Theatern zur Zeit
bestehen, nur da ist ein Kunststreben, ein edler und
natürlich begründeter Künstlerstolz, da ist Entfaltung
aller einzelnen Talente und ein imposantes Ensemble
noch keine Chimäre!

Daß Treue vor Allem Noth thue, glauben wir

bewiesen zu haben. Daß das bloße Recht ohne alle
Treue, das künstliche, clauselstarke Contracts=Ver=
hältniß heute nur dem Proletariat, der Prostitution,
der Anarchie der Bühne in die Hände arbeitet, ge=
denke ich im folgenden Artikel mit Bezugnahme auf
gewisse Contracte darzuthun, welche nur zu grell
zeigen dürften, daß je länger, je mehr der Schau=
spieler zur Waare, der Director zum gemeinen Krämer
herabzusinken droht, und daß es um der öffentlichen
Gesittung und Bildung unseres Deutschen Volkes
willen, auf welche wir uns ja so viel einzubilden
wissen, ja, daß es endlich um der Vernunft und
Gerechtigkeit willen Sache der Deutschen Cultus=
Ministerien wäre, ehern einzuschreiten und zu
fragen:

„Wer geht zum Theater und warum? Mit welcher
Vorbildung und Gesittung? —

Wer erhält Bühnen=Concessionen und mit wel=
chem Recht? —

Wer ist moralisch und artistisch zum Theater=
Agenten qualificirt und wer — für's Corrections=
haus?" —

2.

In folgender Betrachtung handelt es sich nicht
mehr wie bei der vorhergegangenen um die höchsten

Bedingungen der Kunst, weder um Billigkeit und
Treue, noch das Patronats = Verhältniß zwischen Di=
rectionen und Mitgliedern oder irgend einen idealen
Standpunkte des Theaters; sondern lediglich darum,
die einmal gegebenen Verhältnisse, das platte juri=
dische Recht, den gemeinen, realen Nutzen zu betrach=
ten. Da fragt es sich denn zuerst:

Sichern die heutigen Bühnen=Contracte und
Theater=Gesetze (der Codex des Bühnenstaates) wirk=
lich den Directionen wie den Mitgliedern ihr darin
ausgesprochenes Recht? Ist die Existenz eines Kunst=
Institutes vor allen Eventualitäten, allen Zerwürf=
nissen und Rechtsverletzungen unter Directionen und
Künstlern durch die Contracte und Gesetze gesichert?

Nein! — Die Existenz des Theaters und seiner
Mitglieder ist, wenn Dieser oder Jener einmal nicht
will, gar nicht gesichert. Die heutigen Contracte und
Theater=Gesetze sind eine Schrecken erregende Ironie
auf sich selbst.

Es liegen uns die Contracte und Theater=Gesetze
zweier Bühnen vor, welche sich so klug, so juridisch
sein geriren, daß ein jugendlicher Assessor, der die
Comödie nur aus der traulichen Ferne des Parquets
kennt, dieselben für eine wahre Universalversicherungs=
police gegen alle Dämonen des Bühnenlebens ansehen
kann, welche die Nächte der Söhne Apollo's quälen.

Beide Contracte nebst Theater=Gesetzen sind ganz gleichlautend in Sinn und Wort, nur gegen den Schluß des einen findet sich noch ein Paragraph mehr, der sich auf längere Krankheitsfälle des engagirten Mitgliedes bezieht.

Wir müssen nun nicht allein den Contract und das Theater=Gesetz abstract nach dem bloßen Wort= laut untersuchen, sondern vornehmlich zusehen, wie sich jeder Passus im praktischen Theaterleben macht, welche Wirkungen er ausübt, ob er Conflicte beseitigt oder hervorruft, kurz, ob er Das leistet, was er aus= spricht und wozu er überhaupt stipulirt wurde. Be= trachten wir also die beiden Contrahenten, Director und Schauspieler, zuerst vor dem Schluß des Con= tractes; dann die Wirkung des Contractes und der Theater=Gesetze im Engagement, und endlich jene Verhältnisse, welche zu heutigen Contracten sehr oft eine zwingende Veranlassung geben, dem Director und Schauspieler daher von vorn herein die Hände binden und sie schon beim Unterzeichnen des Ver= trages auf die Hinterthür schielen lassen, durch welche sich das eben aufgerichtete, verbriefte Recht so bald als möglich beseitigen läßt.

Stellen wir uns einen Director vor, Thespis genannt, der ein Mitglied für erste jugendliche Hel= den braucht. Nehmen wir dazu einen Künstler,

Sylpho genannt, der erste, jugendliche Helden spielt,
ein Repertoir durch alle Buchstaben des Rollenalpha=
bets besitzt und engagirt zu werden wünscht. Aus
welchem Grunde engagirt ihn gerade der Director?
Entweder hat Sylpho bereits einen anerkannten Ruf,
oder er hat noch keinen, soll erst Etwas werden, oder
aber der bisher wenig bekannte Sylpho hat bei Thes=
pis gastirt und gefallen. Hat Sylpho bereits Ruf,
dann wird er mit so hoher Gage (auch Benefiz,
Spielgeld und Urlaub) engagirt, als Thespis nur
irgend zu geben vermag. Hat der Künstler aber
keinen Ruf, ist er noch Neuling der Bretter, so wird
er mit möglichst kleinster Gage und vielleicht darum
engagirt, weil er hübsche Mittel hat, billig ist und
man ihn sans façon in jede Jacke stecken kann, auch
weil Thespis gerade keinen Besseren für das besagte
Fach findet. Nehmen wir indeß an, daß Sylpho
(wie eben die Mehrzahl der Schauspieler) gerade kein
besonderes Lumen, aber auch kein Neuling, sondern
eine schätzbare Utilität sei, ein brauchbarer Mann,
der keine Rolle verdirbt, manche höchst ehrenwerth,
mit Wärme und Eifer spielt und besonders in einem
gewissen Genre, z. B. in Frackrollen, im bürgerlichen
Rührstück überaus gefällt. Dies hat ein längeres
Gastspiel auf dem Thespis=Theater bewiesen, und in
Folge dessen wird er mit einer ganz guten Gage

engagirt. Sylpho's Grund, bei Thespis Mitglied
zu werden, ist der, daß er zur Zeit engagementslos
ist, gefallen hat und bei Thespis in ein besseres Repertoir zu kommen hofft, als ihm früher zu K. Director Tumelikus gewährte. Der Contract wird also
geschlossen, man ist allseitig beglückt, Sylpho beginnt
mit all' der Emphase zu spielen, wie sie eine sichere gute
Gage und das Bewußtsein, hierorts nun grenzen-
losem Ruhme entgegen zu mimen, nur verleihen
kann.

Wir vermeiden, die Charakter-Eigenschaften von
Thespis und Sylpho zu beleuchten, wir lassen diese
ganz außer Beziehung, setzen vielmehr bei Beiden den
besten Willen voraus. Sie sind eben ruhige, ver-
ständige Männer ohne überflüssige Illusion; gehen
eben nur ihrem eigenen Vortheil auf anständige
Weise nach und halten sich stricte an ihren eben voll-
zogenen Contract, in welchem sie die sicherste Basis
ihres gegenseitigen Verhältnisses sehen. Sie haben
für einander kein besonderes Privat-Wohlwollen, aber
noch weniger einen Privat-Widerwillen. Schließlich
brauchen sie einander. Das Engagement beginnt
mithin, so wonnevoll, wie — alle Engagements beginnen, um wie so viele mit Haß, Verachtung und
unterm Chorus aller erdenklichen Malicen zu endigen.
Denn der Conflict zwischen Thespis und Sylpho ist

schon im Keim geboren, so bald der Vertrag, wie er heut Brauch ist, unterschrieben worden.

Wie so denn? — wird man fragen — wenn sie redliche Männer sind, die streng auf ihrer Bahn gehen und kein Vorurtheil gegen einander haben.

Hier ist der Contract, der heutige moderne Contract, wie er uns vorliegt und durchweg, mit wenigen Ausnahmen, geschlossen wird.

„Contract.

„Stempel reservirt.

    „Zwischen dem Theater=Director Herrn (Thespis zu U . .) „und dem Schauspieler Herrn (Sylpho) ist heute folgender „Contract verabredet und geschlossen.

§. 1.

    „Herr Director (Thespis) engagirt bei seinem Unter= „nehmen, wo und wann er auch Vorstellungen zu geben „für gut findet, Herrn (Sylpho) für die Zeit (vom 1. Juli „1862 bis 1. Juli 1863); jedoch steht dem Director (Thes= „pis) das Recht zu, diesen Contract in allen seinen Theilen „am (1. September 1862) durch eine vorherige (vier=) „wöchentliche Kündigung wieder aufzulösen, falls wider „Voraussetzung Herr (Sylpho) in seinen artistischen Leistun= „gen den gehegten gerechten und billigen Erwartungen des „Directors (Thespis) nicht entsprechen sollte.“

Der Sinn dieses §. 1 ist also der: daß Sylpho auf ein Jahr von Thespis engagirt sei, aber in den ersten acht Wochen ohne weitere Einrede entlassen werden kann, wenn er dem Director nicht mehr an=

steht. Könnte Sylpho entlassen werden, wenn er dem Publikum mißfiele: darin läge doch noch einiger Sinn. Er braucht aber nur dem Director, dessen billigen und gerechten Erwartungen nicht zu entsprechen. Was sind denn das für Erwartungen? Wo fangen sie an, und wo hören sie auf? Wie billig und wie gerecht sind sie denn? Weshalb sind diese billigen und gerechten Erwartungen nicht im Contract ausgesprochen? Sie sind wohl unaussprechlich?! —

Gewiß können die Erwartungen des guten Thespis sehr gerecht und billig, so wie höchst vernünftig sein; Freund Sylpho kann wirklich gar nichts taugen, mit Fug und Recht fortgeschickt werden; aber ist denn das juridisch, ist das rechtsförmig, ist das ein positives Rechtsverhältniß, das gleich im ersten Paragraphen schon mit kindlicher Naivetät und schüchterner Ergebung seine ganze Existenz der persönlichen Gerechtigkeit und Billigkeit des Herrn Thespis anheim giebt, das vom Herzen, von der Moral des einen Theils den ganzen Vertrag abhängig macht? Und zwar so, daß Freund Sylpho, trotz des tragischen R und eines schönen Lendenspiels im Tricot, brodlos werden kann!

Wenn Thespis den Sylpho einer achtwöchentlichen Probezeit unterwirft, ehe Dieser ein Jahr lang ruhig schlafen kann, dann muß auch Sylpho den

Thespis innerhalb der ersten acht Wochen einer glei=
chen Probezeit aussetzen, ihm den Contract gleichfalls
fündigen dürfen, wenn der Director des Künstlers
gerechten und billigen Erwartungen nicht entspricht,
Erwartungen, welche zwar höchst närrisch, aber doch
auch ganz vernünftig sein können. Darin läge we=
nigstens Gegenseitigkeit. Und was dem Einen, dem
Director recht ist, das ist doch wohl auch dem Andern,
dem Künstler, billig!

Vom rechtlichen Standpunkt aus ist der zweite
Theil des §. 1 ganz verwerflich; denn er öffnet der
Willkür des Directors Thor und Thür. Ist es doch
eine ganz bekannte Manier, z. B. einem brauchbaren
Schauspieler nach den ersten vier Wochen den Ver=
trag zu fündigen, weil man sehr gut weiß, daß er in
der Furcht, engagementslos zu werden, sich eine Ver=
ringerung der Gage werde gefallen lassen, auf die es
bei dieser Kündigung allein abgesehen ist. Wir sind
fern davon, den bösen Willen des einen wie des andern
Theils vorauszusetzen, auch kann jedem Director
nur daran gelegen sein, sein Mitglied zu behalten,
aber ein Recht ist eben kein Recht mehr, sobald es von
den persönlichen Erwartungen und Ansichten, kurz
von dem Ermessen des einen Theils abhängig gemacht
wird, ohne daß dem andern Theil ein gleichwiegendes
Gegenrecht zur Seite steht.

§. 2.

„Herr (Sylpho) verpflichtet sich zur Uebernahme aller
„Rollen im Fache (der ersten jugendlichen Helden), ver-
„spricht aber auch, alle anderen Rollen, welche seiner In-
„dividualität nicht zuwider sind, zu übernehmen und aus-
„zuführen, ganz wie solches die Direction im Interesse
„des Instituts für angemessen erachtet.“

Dieser ganze Paragraph enthält drei Wider-
sprüche in einem Athemzuge. Erst soll Sylpho alle
Rollen im Fache der ersten jugendlichen Helden spielen; dann soll er auch alle anderen Rollen spielen,
welche seiner Individualität nicht zuwider sind. Also
er hat über die Rolle in Bezug auf seine Individualität ein Urtheil; schließlich hat er aber dies Urtheil
wieder nicht und keine jugendlichen Heldenrollen, sondern die Rollen platterdings zu spielen, für welche
ihn die Direction im Interesse des Instituts angemessen erachtet.

Ist das Recht? — Nein, Willkür von beiden Seiten; vor der Logik und dem Richter aber ein Unsinn!
Dazu kommt, daß nach den §§. 1—7 und 22 des
Theatergesetzes Sylpho nie seine Mitwirkung, zu
welcher Vorstellung es auch sei, versagen darf, jede
Rolle annehmen, einstudiren und spielen muß, sich
auf sein contractliches Rollenfach nicht dabei berufen
kann, sondern höchstens auf die zarte Rücksicht
des Directors Thespis zu hoffen hat. Handelt er

ragegen, — Entlassung oder Verlust einer Viertel=
monatsgage!

Aber so scharf — sagt man — wird es ja nicht
gehandhabt gegen einen guten Schauspieler! Ha,
Patronat, Patronat! Stellt mir das alte Patronat,
Treue und Billigkeit auf beiden Seiten wieder her,
dann bin ich stumm, dann bedarf es dieses dreifach
unlogischen Paragraphen und dieses verclausulirten
Contractes nicht. Was ist denn ein Theatergesetz,
das nie so scharf gehandhabt wird? — Ein Popanz
für Kinder!

Was speciell das Rollenfach betrifft, fragen
wir, ist diese Manier, einen Künstler in den engen
Kreis einer einseitigen Charakterschilderung einzu=
pferchen, ihm eine Firma zu geben, unter der er
arbeitet, gewissermaßen einen Gewerbezwang, eine
Zünftigkeit, ist diese Manier nicht unsinnig und un=
künstlerisch dazu? Gebt Schneidern, Schustern und
Handschuhmachern dieses Dogma! — Und was ist
denn mit dieser Fachmenschenspielerei gethan? Kann
man denn ein Rollenfach begrenzen? Sylpho spielt
jugendliche Helden, aber giebt es nicht tausend¯
Arten derselben, für die Sylpho gar nicht paßt? Wo
fängt denn der jugendliche Held an, wo hört der
jugendliche Liebhaber auf? Findet Sylpho, seine
Rolle sei zu sehr Liebhaber und kein Held, so spielt er

sie nicht, oder geräth mit seinem Collegen, dem Lieb=
haber, in Streit. Faust, ist er Liebhaber, Charakter=
rolle oder tragischer Held? Was ist Hamlet? Held,
Charakterrolle, oder Liebhaber? Ist Egmont Bon=
vivant oder Liebhaber, ist Shylock Charakterrolle,
Intriguant oder Vater? — Uns ist, als wäre dieser
§. 2 in einem Irrenhause fabricirt worden. Wer
paßt denn für diese und jene Rolle? Doch wohl nur
Der, der eben den Habitus, die zwangloseste Meta=
morphose für sie hat, der ihr als Mensch am ähn=
lichsten ist! Daß der Director dies souverain als
Patron entscheide, ist vom Standpunkt der Kunst aus
vollständig in der Ordnung; aber solche Entscheidung
praenumerando auf dem Papier, sie als einen Profit
für den Künstler, als sein Recht, sein Monopol auf=
zustellen, ist kindisch und gewissenlos. Letzteres, weil
man etwas zusichert, was man nicht halten kann.

In alten Zeiten, wo doch auch keine so ganz üble
Comödie gespielt wurde, wo ein Aristodemos und
Roscius z. B. Leute waren, gegen die unsere reichsten
Kunstmoguls arme Proletarier sind, gab es überhaupt
nur zwei Rollenfächer, wie es nur zwei Arten von
Dramen gab. Komisches und tragisches Fach.
Diese Unterscheidung hat Hand und Fuß. — Einem
Tragöden den Falstaff zu geben, oder Hamlet an
Beckmann und Gern, wird Keinem einfallen. Aber

innerhalb dieser beiden Hauptkategorien ist das Feld
ein grenzenloses, und das soll der Künstler anbauen.
Zwei Fragen hören wir schon im Geiste. Wohin
gehört das Liebhaberfach, giebt es nicht tragische und
komische Amorosos? Natürlich! Der Liebhaber gehört
in beide Kategorien, weil er selbst keine, sein Feld
das weiteste, mithin aber auch das unbestimmteste ist.
Darum fallen in das Liebhaberfach auch Wilhelm
Meisters Lehrjahre! Kann es aber nicht auch
eine komische Rolle geben, die tragisch endigt? Gewiß,
z. B. der Polonius ist eine. Man wird sie aber
nur dem komischen Schauspieler geben, denn nicht
das Schicksal, also der Ausgang einer Rolle, sondern
ihr inneres Lebensgesetz, der lächerliche oder schmerz=
liche Animus, die Grundstimmung ist maß=
gebend. Komisches oder tragisches Fach, das allein
kann der Acteur juridisch wie moralisch als den ihm
von Natur gegebenen Boden seiner Thätigkeit fest
halten, für den er nie zu alt oder zu jung ist, und dem
er nie entwächst.

Zehn komische und zehn tragische Mimen schaden
einer Bühne nicht. Aber wenn der Herr Liebhaber
keine Naturburschen, die Anstandsdame keine Mutter,
der ernste Charakteristiker keinen Intriguanten spielen
will, weil sich die Herrschaften dadurch entsetzlich ent=
würdigt wähnen, und wenn dann der Director der

lauter Rollenfächern keinen Menschen mehr hat, der
ihm einen Menschen anständig spielen kann, dann
hört die Liebe auf, und die — Gagenabzüge, die
Chicanen fangen an! Muß Sylpho einmal, statt des
Helden, die kleinere, aber für seine Individualität
passende jugendliche Charakterrolle spielen, und der
Liebhaber spielt seine Heldenrolle, dann ist der Teufel
ganz los. So ist dieser §. 2 sammt seinem Straf=
codex der eigentliche Erisapfel der Zwietracht beim
Theater, der schon viele Contracte zerrissen, die
tollsten Scandalosa erzeugt und jene Bühnenrevolten
hervorgebracht hat, bei denen schon oft zur Pacifici=
rung die Polizei Angesichts des Publikums aufge=
rufen werden mußte.

Wer als Schauspieler nicht denkt, daß er Alles
spielen kann, was innerhalb der ganzen ihm eigen=
thümlichen ernsten oder heitern Sphäre liegt, ist ein
Impotens; wer aber Kraut und Rüben, Lustiges und
Tiefersschütterndes à tout prix mimen will, der ist
ein Hanswurst! Es giebt wohl Künstler, die in beiden
Fächern wirksame Rollen haben können; wahrhaft
bedeutend, künstlerisch heimisch, können sie aber nur
in einem sein, das ihnen nicht Paragraph und
Clausel, sondern Mutter Natur selbst vorschreibt.

Allerdings: Rollensucht und Rollenstolz ist ein so
zu sagen nothwendiges Standesübel. Indem man

es närrischer Weise verbannen wollte, schuf man die Rollenfächer, klebte jedem Mimen seine Firma an und hat damit das Uebel erst recht groß gesäugt. Giebt man die ganze Sphäre f r e i, so wird man es auf sein natürliches, höchst wünschenswerthes Maß zurückführen. Denn wenn der achtzehnjährige X. den Romeo entzückend spielt, so wird er vielleicht bald nach dem Hamlet geizen, aber nimmermehr nach Lear oder Richard III. So gar dumm ist denn doch Keiner! —

Weiter im Contracttext.

§. 3.

„Herr Director (Thespis) zahlt an (Herrn Sylpho) eine „monatliche Gage von (Fünfzig Thalern) in halbmonat= „lichen Raten am 1. und 16. jedes Monats, postnumerando „zahlbar."

Hierbei ist Nichts zu erwähnen. Die Höhe der Gage richtet sich natürlich nach der Fähigkeit Sylpho's und dem Budget, welches Thespis für sein Unter= nehmen aufzuwenden vermag. Letzterer zahlt natür= lich den möglichst niedrigsten Preis, erstens, weil er lieber zwei Mitglieder für ein Fach mit niedrigem Solde engagirt, um weniger abhängig zu sein von der Laune des Einzelnen, und zweitens, weil er selbst seinem besten Mitgliede anfänglich eine geringere Gage giebt, um es später erhöhen zu können, ohne seinen Etat zu überschreiten. Dieser Paragraph ist eben ein rein kaufmännischer, wie er in jedem Vertrage vorkommt.

§. 4.

„Herr Director (Thespis) stellt für Herrn (Sylpho) alles „Costüm, mit Ausnahme der modernen Französischen Garde-„robe, Tricots, Federn, Schmuck, Fußbekleidung und Hand-„schuhe, die derselbe aus eigenen Mitteln herzustellen hat.“

Betrifft dieser Contract eine Dame, so lautet sein §. 4:

„Herr Director (Thespis) stellt für (Fräulein Sylpha) „nur die männlichen Costüme, sobald sie solche zu ihren „Rollen bedarf, alle übrigen Costüme hat sich dieselbe aus „eigenen Mitteln anzuschaffen, soweit selbige nicht etwa im „Garderobe=Inventarium vorhanden sind.“

Bei diesem, je nach dem Geschlecht sehr verschiedenen Paragraphen sind die Männer ungleich besser bedacht, als die Frauen. Erstere haben kaum den vierten Theil so viel von ihrer Gage aufzuwenden, als Letztere, die sich alles Costüm zu stellen haben. Der Mann hat nur für seine Theaterwäsche, modernes Costüm, für Tricots, Wattons, Federn, Theater-schmuck, Schuhe, Stiefeln und Handschuhe zu sorgen. Der größte Theil dieser selbst angeschafften Garderobe verbleibt ihm und wird wenig ruinirt. Handschuhe, dann und wann ein neuer Hut, oder neue Fußbeklei-dung sind seine Hauptausgaben.

In seinem Bezug auf die Damen aber ist der

§. 4 entschieden zu mißbilligen. Die Schauspielerin=
nen sollen sich danach, außer ihrer Theaterwäsche,
welche bedeutend umfangreicher als die der Herren
ist, noch ihre sämmtliche Garderobe stellen, soweit
selbige nicht etwa im Garderobe=Inventarium vor=
handen ist. Sämmtliche Garderobe! — Man sehe den
heutigen Luxus auf der Bühne, man bedenke, daß eine
Dame dasselbe Kleid nur für eine Rolle brauchen kann
und es zu einer zweiten mindestens anders garniren
muß, bedenke ferner, daß die Damenkleider sich auf
dem Theater viel schneller ruiniren, als das Männer=
gewand, und man wird begreifen, was dazu gehört!
Wir geben zu, die Anschaffung weiblicher Garderobe
würde die Kosten für den Director bedeutend erhöhen,
doch bliebe ihm immer das Costüm. Soll aber eine
Dame von ihrer Gage ihre Garderobe bestreiten, so
ist es in der Ordnung, die Gagen der Damen auch
um so viel zu erhöhen, als ihre Garderobenkosten die
der Männer übersteigen. Recht wäre das, aber von
Thespis' Standpunkt aus unklug! Denn ginge
Fräulein Sylpha einmal ab, so würde sie die
auf Directionskosten angeschafften Costüme gefälligst
mitnehmen. Besser, zweckmäßiger, und für die Ach=
tung, welche der Schauspielerstand in der bürgerlichen
Gesellschaft genießen soll, förderlicher, wäre es aber
doch, wenn der Director auch sämmtliches Damen=

coſtüm ſtellte, Tricots, Unterkleider, Wäſche, Schuhe
und Handſchuhe abgerechnet. Beſſere Hoftheater
thuen das längſt. Die Ausgabe iſt für die erſten
Jahre gewiß groß, wird indeß ſpäter mäßiger, weil
man Vieles wieder anders verwenden kann; endlich
wächſt durch die Inventariumsbereicherung ſelbſt das
Vermögen des Theaters. Auch der wahnſinnige
Luxus wäre dann etwas gehemmt; denn jeder ver-
ſtändige Director wird mehr auf Solidität und Rich-
tigkeit des Coſtüms, als auf koſtſpielige Pracht ſehen.
Die Kleiderwuth würde nachlaſſen, und ein junges
ſittiges Mädchen käme nicht mehr in die Verſuchung,
bunter Lappen, Federn und echter Spitzen wegen ihre
Ehre preiszugeben.

§. 5.

„Herr (Sylpho) unterwirft ſich nachfolgenden Theaterge-
„ſetzen und ſieht ſie als einen integrirenden Theil dieſes
„Contractes an, entſagt auch ausdrücklich allen dagegen zu
„machenden Einwendungen.‟

Darauf folgen die in den Vertrag gedruckten
Theatergeſetze, an fünfzig Paragraphen ſtark. — Die
erſten ſieben Paragraphen dieſes ausgedehnten Straf-
codex enthalten Beſtimmungen, um das in §. 2
ausgeſprochene Rollenfach gründlich zu Waſſer zu
machen und den Schauſpieler zu zwingen, jede ihm
zugetheilte Rolle anzunehmen, zu ſtudiren, zu ſpie-
len und zwar ohne Aenderungen und Zuſätze, mit

dem nöthigen Respect vor dem Publikum, sonst er=
folgt Gagenabzug, Einstellung der Gagenzahlung,
bis er Vernunft annimmt, oder Entlassung. Eben
so muß er jede bereits gespielte Rolle, welche ihm
die Direction abnimmt, bei Vermeidung gleicher
Strafe zurückgeben. §§. 8 bis 14 handeln vom
Memoriren der Rollen, von den Proben, Versäumniß
derselben und den dafür gesetzten Strafen. §§. 15
bis 25 betreffen die Vorstellungen, wenn der Acteur
zu ihnen erscheinen muß, die Bühnenordnung, das
Benehmen auf der Scene, Zeit des Umkleidens
nebst Strafsätzen. §. 26 bestimmt, daß der Künstler
sein ihm von der Direction ertheiltes Costüm
nicht ändern oder verderben darf, nebst Strafen.
§§. 27, 28 und 30 handeln von den Vergehen
gegen Sitte und Anstand vor Direction, Publikum
und Collegen. Ueber Moralität wird dabei recht
tugendhaft schulmeisterlich perorirt; im Hintergrunde
erscheint drohend, etwa, wie im Freischütz Samiel
hinter Max, Verlust der Gage oder Entlassung.
§. 29 schreibt vor, daß alle Bitten und Beschwerden
der Direction schriftlich eingereicht werden müssen,
mündliche Zusicherungen haben keine Gültigkeit.
§. 31 sagt, daß der Director nie von Strafen dis=
pensirt, außer wenn ein von Regie, Direction und
Mitgliedern gewählter Ausschuß dafür entschieden

hat. Strafen, die der Director selbst in Person
verhängt, kann er einzig und allein mildern. §. 32
befiehlt Regisseuren und Inspicienten, jede Ordnungs=
widrigkeit sofort anzuzeigen, widrigenfalls sie selbst
die Strafe des Geschonten erleiden. §§. 33 und 34
betreffen das plötzliche Krank= oder Unwohlwerden
der Mitglieder, die Function des Theaterarztes und
fingirte Krankheit, welche sofortige Entlassung nach
sich zieht, ferner das Verhalten kranker Mitglieder.
§. 35 bestimmt die Uebertretungsfälle des unterge=
ordneten Personals jeder Gattung, welche mit 5 Sgr.
bis 1 Thlr. oder Entlassung gebüßt werden. §§. 36
bis 39 bezwecken, das Personal, wenn es auch nicht
beschäftigt ist, stets in gewisser Nähe zu halten, um es
in der Noth zur Hand zu haben, bestimmen also über
Wohnungen, Landparthien u. s. w. bei Strafe einer
viertel oder halben Monatsgage, resp. Entlassung.
§. 40 verordnet, daß ein Mitglied sich allen Anord=
nungen unterwerfen muß, event. Strafe. §. 41 ver=
bietet Declamiren, Singen u. s. w. der Mitglieder in
Privatvereinen, event. Strafe. §. 42 setzt fest, daß
Einlagen, Anspielungen, Zusätze u. s. w. ohne Geneh=
migung der Direction nicht gemacht werden dürfen.
§. 43 dictirt Strafe für Urlaubsüberschreitung von
5 bis 20 Thlr. pro Tag oder Entlassung. §. 44
sagt, daß sich alle Theatergesetze auf's gesammte Per=

sonal beziehen. §. 45 bezieht sich auf die Verwen=
dung der Strafgelder zum Unterstützungsfond. §§. 46
und 47 verbieten, in öffentlichen Versammlungen,
Clubs und Vereinen Reden zu halten oder Demon=
strationen zu machen, bei Strafe sofortiger Ent=
lassung. §. 48 verordnet, daß alle Gesetzbestim=
mungen, welche der Director etwa noch zu geben
beliebt, deren Bekanntmachungen u. s. w. genau wie
vorstehende Paragraphen erfüllt werden sollen. Die
Strafen sind nach dem Gagenverhältnisse festgesetzt,
wobei extra bestimmt ist, „daß bei einem im Gehalt
stehenden Ehepaar auf jedes Einzelne die Hälfte der
ganzen Gage gerechnet wird, ohne Rücksicht auf die
künstlerische Stellung des Einzelnen."

Diese Theatergesetze, welche zum Ueberfluß von
der betreffenden Behörde sanctionirt sind, also dem
Director die sicherste Handhabe bieten sollen, sein
Völkchen in Raison zu halten, sind der Mehrzahl nach
eben so unzeitgemäß wie unzulänglich, eben so brutal,
wie dumm; sie gewähren weder die gehörige Bürg=
schaft, noch sichern sie dem Ganzen wie Einzelnen die
nöthige Würde. Sie sind von Leuten verfaßt, die
weder höheren Kunstsinn, noch rechtes Verständniß
der Verhältnisse, ja nicht einmal Speculationsgeist
haben. Hat sie ja ein Jurist entworfen, so hat
diesem modernen Lykurg bei derartigen Theater=

9*

gesetzen wohl eher eine Spital= oder Arbeitshaus=
Ordnung, als ein Kunst=Institut und sein eigenthüm=
licher Organismus vorgeschwebt.

In §. 2 des Contractes wird dem Sylpho also
ein Rollenfach gesichert und Kraft der ersten sieben
Paragraphen des Theatergesetzes wieder entrissen.
Die §§. 8 bis 25, 27, 28, 30, 32, 35 bis 39 und 43
des Theatergesetzes strafen jede Nachlässigkeit, Ver=
sehen, Unsittlichkeit, Trunk, Zank, Böswilligkeit,
Verzögerung u. s. w. mit drakonischer Strenge, und
zwar durch den Director, der oft Kläger, Richter und
Executor in einer Person ist. §. 31 mit dem erwähl=
ten Ausschuß als Jury ist illusorisch, denn diese darf
über keine Strafe richten, die der Director in Person
verhängt. Und er verhängt jede; Regisseur und
Inspicient klagen nur an. Nach §. 48 wird, wenn
Sylpho verheirathet ist, nicht er allein bestraft, nein,
seine ganz schuldlose Frau, die auch Mitglied ist, muß
büßen. Warum hat sie nicht lieber zu Sylpho
gesagt: „Ich bleibe ledig"? Gesetzt, Sylpho hat
50 Thaler Monatsgage, seine Frau, die aber besser
spielt, hat 70 Thaler, so verdienen sie Beide in
Summa 120 Thaler den Monat. Wird Sylpho
nun um eine halbe Monatsgage gestraft, so muß er
nicht 25, sondern 30 Thaler zahlen, also seine Gattin
giebt aus ihrem Säckel 5 Thaler dafür, daß ihr

Mann nachläſſig, hitzig oder eigenſinnig geweſen.
Iſt das Recht? Nein, aber brutal! Heißt das nicht
den Jammer des Standes noch zu einem Conflict in
der Familie ſteigern?

§. 26 ſchreibt von Directionswegen das Coſtüm
vor und ſchützt den allein guten, allein richtig kleiden=
den Geſchmack des Directors oder Garderobiers durch
Strafen. Hat denn aber derſelbe Schauſpieler,
welcher ſich doch die Maske ſchminken muß, nicht
wenigſtens das Recht einer Meinung, ob er wie ein
Pavian oder ſachgemäß vor dem Publikum erſcheine,
vor dem er doch ſeine Haut zu Markte trägt? — In
§. 33 und §. 34 hat der Theaterarzt und ja kein
anderer darnachzuſehen, ob Sylpho wirklich krank iſt
oder blos den Kranken ſpielt, um ſeinen Willen
durchzuſetzen. Wehe Dir, armer Sylpho, wenn der
Theaterdoctor mit der Brille, dem Taſter, Hörrohr
und Spiegel Dir in Schlund und Eingeweide ſteigt
und nicht Alles muſterhaft in Unordnung findet!
Zeigt mir doch den modernen Hippokrates oder
Galen auf der Welt, der mir abſtreiten will, daß ich
Kopf=, Hals= oder Leibſchmerzen, Rheumatismus,
Hexenſchuß habe oder mir ſonſt übel und weh iſt!
Ein Königreich für den Doctor! Er ſtellt ſchon
darum das Atteſt aus, weil er das Gegentheil
ſchwerlich beweiſen kann. Die klugen Paragraphen

stehen auf dem Papier, und wer den Director ärgern will, spielt deshalb doch den „eingebildeten Kranken."

Nach §. 40 ist den Mitgliedern verboten, in Privatvereinen zu declamiren, nach §. 46 verboten, in Clubs zu gehen, zu politisiren und zu remonstriren. Ist denn aber der Schauspieler nicht Bürger wie jeder Andere? In Allem, was seine Kunst betrifft, mag er seinem Chef unterworfen sein, im Privat- und bürgerlichen Leben darf er doch aber wohl so gut sein eigener Herr sein, wie der Director? Ist es nicht genug, wenn er hier eben so wie der Director unter den Staatsgesetzen steht? Allerdings hat die Kunst als solche sich von Tendenz frei zu halten. Aber was ist denn schlimmer? Wenn Herr Sylpho contractgemäß ein plumpes politisches Couplet mit ordinairen Invectiven singen muß, oder wenn er in einem Vereine seine politische Meinung wie jeder anständige und gesittete Mensch ausspricht? Deshalb vom Director mit Entziehung des Brodes bestraft zu werden, verdiente er doch nur dann, wenn er darüber seine Pflicht als Künstler gegen das Theater, resp. „Institut" versäumte.

§. 47 unterwirft den Schauspieler im Voraus allen etwa noch künftig zu erlassenden Gesetzen und Vorschriften, verpflichtet ihn also zu Dingen, die er noch gar nicht kennt. Ist das nicht baare Narrheit? Endlich müssen nach §. 29 alle Gesuche und Beschwerden schriftlich eingereicht werden, denn des Directors mündliche Zusicherungen haben keine Gültigkeit. Ist es nicht gerade, als habe der Director vor seiner eigenen Schwachheit Angst und fürchte hinterher wie Don Philipp rufen zu müssen: „Gieb diesen Todten mir heraus!?"

Diese Theatergesetze sind unrechtlich, weil ihre Handhabung eine willkürliche ist. Liegt Herrn Thespis eben an Sylpho Etwas, gewinnt er recht viel Geld durch dessen Spiel, und muß er fürchten, ihn nach einem Jahre zu verlieren, dann sind diese dummen Theatergesetze für Sylpho so gut wie nicht gegeben. Im entgegengesetzten Falle aber, wenn Thespis den Sylpho gern los werden will, sind sie das schönste Mittel zur Chicane, die verfänglichste Rechtsschlinge, die bequemste Ränkeschmiede und Zwickmühle in allen fünf Welttheilen! —

Folgt daraus nun, daß es gar keine Theatergesetze geben dürfe, daß strenge Disciplin in der Bühnenwelt nicht Noth thue? Nein, es folgt daraus nur die Nothwendigkeit eines besseren und möglichst allgemeinen Theatergesetzes, eines Gesetzes, das, beiläufig bemerkt, nicht allein das Contracts-Verhältniß zwischen Bühnen-Vorständen und Mitgliedern regelt,

sondern auch das Concessionswesen in Bezug auf die
Directionen corrigirt und regenerirt, und zwar nicht
unter dem bloßen Gewerbegesichtspunkt, sondern auch
nach der Analogie der anderen Kunst- und Bildungs-
Anstalten im Staate. Die dramatische Kunst der
freien Industrie preiszugeben, heißt eine Theater-
Anarchie schaffen!

Fahren wir fort in unserm herrlichen Contract-
Texte:

§. 6.

„In allen Streitigkeiten zwischen den beiden Contrahen-
„ten, welche die Entscheidung eines Gerichts erforderlich
„machen, unterwirft sich (Herr Sypho) der Gerichtsbarkeit
„des Kgl. Stadt-, resp. Appellations-Gerichts zu X. und
„zwar so, daß (Herr Sylpho) bei diesen Gerichtshöfen sich
„auf die Klage einlassen, oder Contumazialverfahren gewär-
„tigen muß, selbst wenn (er seinen) Wohnsitz anderswo im
„In- oder Auslande hat, oder nehmen sollte.“

Giebt es einen kläglicheren Schlußstein zu dieser
ganzen verzwickten Theatergesetzgebung, als diesen
Paragraphen? Nach letzterem dürfte es schwer sein,
überhaupt zu bestimmen, wo und wie bei solchen Contracten noch eine Entscheidung vor Gericht erforderlich werden sollte. Kann doch der Director in allen
Fällen bestimmen, strafen, entlassen, ohne weiteren
Einwand des Schauspielers, dessen sich derselbe ja
laut §. 5 ausdrücklich begeben hat. Jedermann weiß

ferner, daß ein unterschriebener Contract, ja jedes unterschriebene Papier vor dem Richter bindende Gültigkeit hat. Er muß den unbesonnenen Contra=henten stets verurtheilen, mag er dessen kindliche Naivetät auch noch so sehr bedauern; gegen seine eigene Unterschrift kann Niemand klagen. Wie kommt man denn da überhaupt noch zu einem §. 6? — Man kommt ganz einfach dazu, weil die Theater=gesetze in sich doch keine Kraft haben, oder nicht aus=reichen! Sie sind höchstens gut gegen die geringeren Schauspieler, gegen die große Klasse Derer, welche, leidige Handwerker ihrer Kunst, sich ruhig strafen lassen, damit ihnen nur — ihr bißchen Brod bleibe. Dagegen für selbstbewußte Künstler, die Ruf haben, gewöhnlich eitel, capriziös und zu Krakehl am Leich=testen geneigt sind, giebt es keine Geldstrafen! Der Director wird sich wohl hüten, sie am Säckel zu züch=tigen, wenn er sie nicht verlieren will, denn sie schließen sofort mit einer anderen Direction ab, gehen ihm bei erster Gelegenheit weg und ärgern ihn, um solche Gelegenheit vom Zaune zu brechen, durch Krankheit und ein Heer von Dingen, von denen die bürgerliche Welt keinen Begriff hat.

O du großmächtiger §. 6! Willst du dem Director etwa das Mittel geben, gegen kunstwerthe Mitglieder den Schutz des Richters zu suchen? Kann

ihn ein Richter schützen? Nein! — Sylpho, den
Thespis z. B. wegen fingirter Krankheit oder Urlaubsüberschreitung verklagt hat, antwortet ganz
gelassen: Ja, ich habe die Krankheit fingirt, habe den
Urlaub überschritten, — so entlaß mich doch! Ich
gehe nach R., habe schon den Contract in der Tasche!
— Oder Sylpho brennt durch, was auch heute noch
trotz des Cartel=Zaumes vorkommt, oder er zieht den
Proceß mit Thespis in die Länge, bis sein Contract
um ist, dann geht er fort. Zwar steht in §. 6: er sei
auch im Auslande selbst der Gerichtsbarkeit von X.
verfallen! Aber gesetzt den Fall, Sylpho geht von
Thespis nach B. an das nächste größere Stadttheater
ab, und Thespis gewinnt seinen Proceß, so daß
Sylpho ihm z. B. 300 Thaler Entschädigung zahlen
muß, — was geschieht? — Sylpho's neuer Director,
welcher mit Sylpho doch reüssiren will, giebt ihm
(scheinbar) einen großen Vorschuß, oder läßt ihn
schlimmsten Falls, so lange der Contract dauert,
gegen Tageshonorar gastiren. Am Tageshonorar
darf sich kein Richter vergreifen, denn das Gesetz sagt
bekanntlich: daß kein Erkenntniß dem Verurtheilten
die tägliche Subsistenz entziehen dürfe! Da ist
Thespis um sein Geld und wird ausgelacht. Das
hat uns unsere Bühnenpraxis in vielen Beispielen
erleben lassen.

§. 7 sagt, daß der Contract zwischen Sylpho und Thespis fortdauert, sobald er nicht drei Monate vor Ablauf gekündigt wird. Dagegen ist Nichts zu bemerken; dergleichen ist bei allen Verträgen gebräuchlich.

§. 8.

„Tritt Brand des Schauspielhauses, Krieg, ansteckende „Krankheit, Landestrauer, politische Umwälzung oder sonstige Calamität ein, die die Schließung des Theaters nöthig „macht, so ist der Director (Thespis) berechtigt, diesen „Contract sofort und ohne jede Entschädigung in allen „seinen Theilen aufzulösen.“

Wenn ein öffentliches Institut von Unglück getroffen wird, das äußerlicher, gewaltsamer Natur und von der Direction unverschuldet ist, so muß das eben ertragen werden, und Niemand, der diesem Institut angehört, kann eine Ausnahme beanspruchen. Das Unglück muß aber plötzlicher Art sein und das Comödienspielen thatsächlich unmöglich machen, wenn ein Aufheben aller Verpflichtungen gerechtfertigt erscheinen soll. Es ist dies denkbar beim Brand des Schauspielhauses, wenn sämmtliche Mittel der Darstellung verloren gehen, auch noch bei Landestrauer, wenn sie länger als vier Wochen jede Einnahme unmöglich macht. Jedoch Directoren von Ehre und Klugheit jagen ihre Leute selbst bei Landestrauer nicht fort, sondern schließen höchstens mit ihnen ein Uebereinkommen auf halbe Gage. Ansteckende Krank-

heiten aber, Krieg und politische Umwälzungen kom=
men weder so plötzlich über Nacht, noch stellen sie die
Möglichkeit des Fortspielens so entschieden in Frage.
Nicht selten sind gerade in schweren Zeiten die Men=
schen geneigt, sich nicht nur zu zerstreuen, sondern an
idealen Dingen, an hohen Ideen für die Noth der
Gegenwart zu stärken. Da mag denn der Director
seinen Etat lieber zweckmäßig verringern, als daß er
seine Mitglieder brodlos macht. Wie und wodurch
aber rechtfertigt sich das plötzliche Aufheben des Con=
tracts, wenn sonstige Calamität die Schließung des
Theaters nöthig macht? „Sonstige Calamität!“
— Bitte, was ist das? — Eventualiter Alles, was
dem Director Gelegenheit giebt, durch Schließung
des Theaters seinen sämmtlichen Calamitäten zu
entgehen! Gewiß schließt grundlos kein Director
sein Geschäft, aber wohl der Bankerottirer, der bei
liederlicher Wirthschaft, Unfähigkeit, Wucherschulden
u. s. w. in der Schließung der Bühne seine Rettung
sucht. Haben wir nicht erlebt, daß Theater mitten
in der Saison bei brillanten Cassen=Rapporten ge=
schlossen wurden, um Gläubiger oder Actionaire
zu einer Vereinbarung zu Gunsten des edlen
Thespis zu zwingen und die zu hoch bezahlten Schau=
spieler mit guter Manier los zu werden?

Freilich: man giebt ein Deutsches Handelsgesetz=

buch, welches die Lebensbedingungen des Verkehrs regelt —, doch ein Theatergesetz, um welches die Noth in der Bühnenwelt schreit, zu geben, das wäre ja — wie es scheint — eine g a r zu große Bagatelle!

Der §. 9 der uns vorliegenden Muster=Contracte enthält Stipulation des Spielhonorars und dessen Garantie. Die Spielhonorare — was sollen sie denn im Grunde bewirken? — Daß der Schauspieler gern und oft spielt, nie seine Hülfe versagt! Hört, hört! — Also trotz seines Normal=Contractes, trotz seiner draconischen, haarspaltenden Theatergesetze, muß Thespis außer der Gage doch n o c h eine Prämie zahlen, damit „seine Leute“ ihm ja bei guter Laune bleiben und für ihre Monatsgage nicht müßig gehen?

Die Spielhonorare —, woher stammen sie denn? Von den schlechten Repertoiren, von der Possen= wirthschaft und der Pariser Handwerksmethode, eine Novität, die gefällt, hundertmal abzupeitschen und so die Bühnen=Mitglieder in der theatralischen Tret= mühle auszubeuten bis zur Entnervung und Ver= zweiflung! Daher kommt es auch, daß die Schau= spieler täglich schlechter werden, schlechter werden müssen! Ein Darsteller, der sonst ältere Sieurs, historische und moderne Charakterrollen ausgezeichnet spielte, der der Salonsprache elegant und unge= zwungen mächtig war, er kommt durch den Fluch:

ein halbes Jahr hintereinander Nichts als einen am
Delirium leidenden Maurergesellen spielen zu müssen,
dahin, jeden Begriff von Repräsentation und Tour=
nure zu verlieren! Unter solchen Umständen mag
es allerdings Herr Thespis für sehr nöthig halten,
an Sylpho zwei oder mehr Thaler Trinkgeld für den
Abend zu geben, um ihn mit blankem Gelde zu kitzeln,
weil dessen Oberhaut unter solchen Strapazen im
Punkt der Künstlerehre bereits die Zellenstructur des
Nilpferdes angenommen hat.

§. 10.

„Sollte Herr (Sylpho) diesen Contract brechen, nicht
„rechtzeitig antreten oder früher, als derselbe zu Ende ge=
„gangen ist, das Engagement verlassen, so verfällt (der=)
„selbe in eine sofort zu zahlende Conventionalstrafe von
„(900) Thlr.; jedoch hebt die Zahlung der Conventional=
„strafe die Rechtsbeständigkeit dieses Contracts nicht auf,
„und behält sich Herr Dir. (Thespis) seine diesfälligen
„Rechtsansprüche auf Erfüllung des Contracts oder auf
„Schadenersatz nach seinem Ermessen vor, und begiebt sich
„(Herr Sylpho) des Einwandes, daß die stipulirte Con=
„ventionalstrafe das Doppelte des wirklichen Interesses
„übersteige.‟

Dieser Paragraph ist, so lange das Theater be=
steht, wohl selten voll zur Geltung gekommen. Er ist
eben so schwächlich und schwierig in der Ausführung
wie §. 6 und die Theatergesetzgebung. Er kann doch
nur für böswillige Subjecte ohne Ehrgefühl gemacht

sein. Ist Sylpho ein solches, woher will Thespis Conventionalstrafe, Schadenersatz u. s. w. erlangen? Wie will er sich vor Contractbruch schützen? Der Cartel-Vertrag und die demselben zum Trotz vorkommenden Contractbrüche, sind sie nicht redende Beweise dafür, daß dieser Paragraph ein Popanz ist, der Denjenigen nimmer schreckt, welcher Contract wie Ehrenwort mit derselben Gleichgültigkeit bricht?

Der §. 11 behandelt das dem Sylpho gewährte Benefiz und die Art desselben (halbe Einnahme nach Abzug der Tageskosten). Es ist gewiß billig und sehr klug, auch keineswegs eine neue Sitte, seinem guten, vielbeschäftigten und beliebten Mitgliede jährlich ein oder zwei Mal eine solche Bonification zu gewähren, sie aber contractlich vorher festzustellen, hat gar keinen Zweck. Ein Benefiz ist eine Belohnung, die der Director freiwillig dem Talent als Dank für seinen Eifer gewährt, und die das Publikum seinerseits durch zahlreichen Besuch zur Wahrheit macht. Kann ein solcher Dank vorher bestimmt werden? Was einmal contractlich stipulirt ist, ist Sylpho's Recht, er kann es fordern: ob er es verdient hat oder nicht; denn es ist vorher als Einnahmequelle ausgemacht. Zugleich ist aber auch dieses contractliche Festsetzen des Benefizes in den Händen eines unredlichen Directors eine bloße Spiegelfechterei, wie aus zahl-

losen Beispielen hervorgeht. Z.B. hatte ein Director
N. einem Schauspieler H., den er nicht leiden mochte
und welchem bereits gekündigt war, noch contractlich
ein Benefiz zu gewähren. Was that Director N.?
Nachdem H. eines Abends in einer armseligen Vor=
stellung, welche nur 50 Thaler eintrug, gespielt hatte,
schickte ihm N. am andern Tage folgendes Billet:
„Gestern war Ihr Benefiz. 50 Thlr. Einnahme!
Nach Abzug der Tageskosten mit 40 Thlr. bleiben
10 Thlr. netto, deren stipulirte Hälfte anbei mit
5 Thlr. erfolgt!" — Classisch, aber wahr! Ein ehe=
maliger Theater=Secretair kennt solche Geschichten.
„Den Dank, Direction, begehr' ich nicht!"

Der letzte §. 12 enthält nur die Schlußformel ohne
weitere Clausel, worauf die Unterschriften folgen. —

So lägen denn die Rechtsverhältnisse heutiger
Deutscher Bühnen mit dem Pönal=Codex und all'
ihrem juridischen Glanze vor uns. Was haben wir
gesehen?! — Im §. 1, wie es auf die billigen Er=
wartungen Thespis' ankommt, daß Sylpho nicht in
den ersten acht Wochen fortgejagt wird. Das Patro=
nat angstvoll verbrieft! — §. 2 ein Rollenfach, das
keines ist, wenn Thespis nicht will. Das verkappte
Patronat! — Im §. 5 das Theatergesetz: in den
Händen des Directors für die Kleinen und Schwachen
eine Peitsche, für die capriziösen Talente ein Lilien=

stengel. Patronat, Patronat! — Im §. 11 das Benefiz. Patronat! — Also diese §§. 1, 2, 5 und 11,
welche die Grundpfeiler des Bühnenlebens bilden,
sind dem Patronate entlehnt, und das ist noch das
einzig Gute an ihnen, so haltlos sie eben gerade dadurch werden, daß sie Etwas juridisch feststellen wollen,
was nur durch Treue und Billigkeit, durch die Autorität des Patrons haltbar ist. Die modernen §§. 4,
6, 8, 9, 10 haben aber, weil ihnen nicht einmal jener
Nimbus anklebt, Geldgier, Ausbeutung und Gemein-
heit als einziges Resultat, und sie sind eben so un-
brauchbar wie verderblich. Was ist denn nun gut an
dem ganzen Contract? Es ist §. 3, wo der Schauspieler seine Gage normirt findet. §. 7, wo sein
Contract rechtzeitig vorher gekündigt werden muß,
und §. 12, wo die Unterschrift bekräftigt wird. Also
die drei Paragraphen, die in jedem andern bürgerlichen Vertrage ebenfalls stehen, und welche mit der
Kunst gar Nichts, sondern nur mit dem Materiellen
zu thun haben. Wenn diese Art Contracte und
Theatergesetze wirklich durchgeführt würden, so wäre
es für Schauspieler wie Directoren eine Unmöglich-
keit, dabei zu existiren. Daß die Bühnen trotz derselben bestehen, verdanken sie einzig und allein noch
dem traditionellen Patronat, welches in seinen
letzten Ueberbleibseln gewohnheitsmäßig respectirt

wird. Selbst der muthwilligste oder abgefeimteste
Schelm beim Theater wird durch die Erfahrung zu
der Erkenntniß gebracht, daß sich mit Gewalt und
Niedertracht doch nicht auf die Dauer bei der Bühnenwelt wirthschaften läßt, daß er vielmehr auf den
guten Willen aller Mitwirkenden angewiesen ist,
und daß er nur höchstens drei Directoren prellt, um
dann dem Elende und der Verachtung anheimzu-
fallen. Er zügelt sich also um seines eigenen Wohles
und Wehes willen.

Nicht genug aber, daß diese Contracte und Gesetze
in sich unausführbar sind, es giebt noch äußere
Einflüsse und Hemmnisse, welche sie völlig illusorisch
machen. Kommt es denn nicht vor, daß dieser oder
jener Director die „Vertraute" eines sogenannten
Mäcens engagiren muß, wenn er nicht eine — gewisse
Protection in's krasse Gegentheil verwandeln will.
Die Dame spielt unter aller Kritik! Die Presse schreit,
das Publikum zischt, der Director verzweifelt, die
Collegen wüthen. Gleichviel, die „geschätzte Künst-
lerin" chicanirt auf Grund ihres Einflusses das gesammte Personal. Was thut der Director? Er ballt
die Faust in der Tasche, zuckt diplomatisch die Achseln
und spielt den Toleranten. Würde er das nöthig haben, wenn er nicht auf Geld und Gunst, sondern auf
Kunst sähe, wenn er ein wirklicher Patronus wäre? —

Oder „Muster=Director" Thespis muß die Indi=
viduen engagiren, welche ihm sein Theater=Agent
aufbürdet. Denn er ist demselben Geld schuldig oder
befürchtet von ihm anderweitigen Schaden im Ge=
schäft. Thespis hat Sylpho z. B. durch einen Agenten
für seine Bühne „gewonnen", und Beide sind ganz
zufrieden mit einander. Aber wie lange läßt der
Agent denn den Sylpho bei Thespis? Gerade so
lange, als er Procente erhält. Ist das erste Jahr
und damit Sylpho's Verpflichtung, den Agenten zu
bezahlen, vorbei, dann engagirt der Agent Sylpho
mit höherer Gage wo anders hin, nicht um den
Künstler zu fördern, sondern um seine Menschensteuer
nicht zu verlieren.

Deshalb behalten die Directoren kein Ensemble
mehr! Das ist die Rache der entweihten Kunst, der
Fluch der Geldmacherei und des Krämergewerbes!
Um das Maß voll zu machen, schuf man die Sommer=
theater und erfand die halbjährigen Contracte — diese
Unglücksquellen eines neuen Theater=Proletariats.

Das sind die Rechtsverhältnisse beim Theater in
Deutschland. Sie schreien um Abhülfe. O daß die
Deutschen Regierungen doch endlich auf diesen Noth=
ruf hörten!

Wir sagen zum Schluß, was der Verein Deutscher
Bühnen=Vorstände gesagt hat in seiner Denkschrift

über die Nothwendigkeit einer gesetzlichen Organi=
sation der Deutschen Theater:

„Es ist die vorherrschend industrielle Richtung,
welche — der gewinnsüchtigen Zeitströmung ent=
sprechend — das theatralische Leben und zwar in
seinem ganzen Umfange ergriffen hat. — Eine Selbst=
Correctur der Deutschen Bühnen=Verhältnisse ist un=
möglich und undenkbar. Der Staat muß ihnen mit
Gesetzeskraft zu Hülfe kommen!"

Aber nur etwas bald, ehe es zu spät ist! —

VIII.

Ueber schlechte Repertoire und den theatralischen Kunsthaushalt.

Wir haben es anscheinend mit einer rein praktisch-technischen, die specielle Bühnenverwaltung berühren-den Frage zu thun. Aber diese Frage, ein wie prak-tisches Ansehen sie auch hat, steht nicht nur mit dem geistigen, künstlerischen Theil des Theaters in engster Verbindung, sie schließt auch unmittelbar das ganze Wohl und Wehe der Dicht- und Schauspielkunst in sich ein.

In früheren Zeiten, von den Alten bis zu Iffland und unseren großen Deutschen Dramendichtern, hatte man die höchst naive Meinung: das Theater und dessen Dichtkunst sei ein bedeutsames Moment der Volksbildung, ein nationales Institut, durch welches der schauenden Menge die Ideen und Gefühle des Guten, Wahren und Schönen als reinigendes, veredelndes und erhebendes Mittel zu echter Lebensfreude, die auf Zufriedenheit beruht, dargeboten würden! Die heutige Zeit aber, der fast Alles Geschäft zu sein scheint, und welche bei ihrer vorwaltend kalten Verstandesrichtung dem Gemüth nur spärlichsten Raum gestattet, sieht meist das Theater nur noch als ein Mittel gegen Langeweile, einen Vergnügungsort wie jeden andern an, und glaubt, dessen Zweck sei erreicht, wenn sich in ihm die Leute täglich drei Stunden nur gut „amüsiren." Wie Ball, Kartenspiel und Diner etwa, ist auch dem Theater verstattet, ein „schönes Vergnügen" zu heißen.

Während früher ein Theaterdirector sich als Chef eines wahrhaften Kunstinstituts fühlte, Zeit, Kraft und Geld daran wendete, damit sein Theater womöglich einen Ruf in den Annalen der Kunstgeschichte erlange; wenn der Dichter seine Ehre darin suchte, das ihm von Gott geschenkte Talent allein im Dienste der Volksveredlung zu verwenden, so sind heute die meisten Directoren, Dichter und Schauspieler zu Speculanten herabgesunken, welche mit dem Amüsement Handel treiben, und deren Aufgaben mit jenen der Kunstreiter, Seiltänzer und Taschenspieler auf demselben Niveau stehen. Die Geldmacherei ist ihr

erstes Princip, ganz gleich, womit und wie es erreicht
wird. Deshalb sind die Mehrzahl der Directoren
Kaufleute, die Dichter Fabrikarbeiter, die Schau=
spieler Commis voyageurs „in theatralischen Ar=
tikeln" geworden.

Wir haben nicht etwa im Sinne, alte Klagelieder
von Neuem anzustimmen, oder mit der Kraft der
Begeisterung, der Wahrheit und Sittlichkeit der
Sache gegen dies verwerfliche Princip anzukämpfen,
ein Princip, das selbst vielfach bei großen, reich dotir=
ten Bühnen sich Geltung verschaffte. Auch nicht die
edleren, reineren Gefühle der Menschheit wollen wir
diesmal gegen eine Maxime wachrufen, welche der
Kunst so verderblich ist. Wir wissen nur zu wohl,
daß man gleiche Waffen dem Feinde entgegensetzen
muß. Der Geldsack ist nur durch den Geldsack, der
trockene, verstandes=arrogante Calcul nur durch Ver=
standeswaffen, durch das Rechenexempel niederzu=
schlagen. Ist doch nur zu oft schon erfolglos zu
Gunsten der Kunst an das sittliche Gefühl, an das
Ideale, an eine große Vergangenheit appellirt
worden.

In der Besprechung der Rechtsverhältnisse der
Deutschen Bühne ward nachgewiesen, daß unsere
Bühnenverhältnisse vom Rechte Nichts wissen und sich
nur um trostlose Palliativa drehen. Diesmal hoffe

ich nachzuweisen, daß unsere meisten modernen Directoren schlechte Kaufleute, kopflose Rechner, unsere
geldmachenden Theater nur niedere Krämerfirmen
sind, welche qualvoll von einem Tage zum andern
leben, um nur dem Fallissement zu entgehen, Directionen, welche von geordneter Geschäftsführung,
einem regelmäßigen Haushalt so wenig verstehen,
wie ein ambulanter Heringshändler von National-
ökonomie.

Was will ein Kaufmann? Möglichst viel Geld
ununterbrochen durch seine Waare verdienen! Der
große Absatz und der Credit, das Zutrauen des
Publikums, zufolge dessen er mehr und mehr gewinnt,
ist Quelle seines Wohlstandes, seiner Macht. In
welcher Art erringt er Absatz und Credit, gesteigerte
Kundschaft? — Indem er eine reelle oder doch wenigstens eben so gute Waare bietet, als jeder andere;
indem er das reichhaltigste, mannigfaltigste Waaren-
lager, die größte Auswahl von Artikeln unter seinen
Standesgenossen hält. Jeder wahre Kaufmann weiß,
daß eine schlechte Waare, Einseitigkeit der Verkaufs-
artikel der sicherste Weg zum Ruin ist, aber Solidität
und Ausdehnung seines Geschäfts den Bestand desselben sichern. Der Kaufmann soll den allseitigen
Bedürfnissen des Publikums in allseitiger und ge-
diegener Weise Rechnung tragen, oder er ist nur ein

Portkrämer. Er soll andern Theils nicht Alles ver=
kaufen wollen, denn jedes Geschäft hat seine natür=
liche Schranke, aber er soll möglichst Viel und Vielerlei
verkaufen, und es allein dem Publikum überlassen,
ihm die Grenze seiner Thätigkeit zu setzen.

Wir glauben, daß es keinen vernünftigen Kauf=
mann der Welt giebt, der diese Principien nicht zu
den seinen machte.

Wenn ich nun heute zu einem Geschäftsmann
komme und will einen Schmuck, er mir aber sagt:
„Mein Herr, Schmuck habe ich nicht, aber Reifröcke,
die besten im ganzen Lande!" so werde ich fortgehen,
denn ich brauche eben einen Schmuck und keinen
Reifrock. Der Mann hat sich von aller Concurrenz
in Schmucksachen ausgeschlossen, hat alle Schmuck=
sachenliebhaber aus seinem Geschäft verjagt. Beruht
sein Geschäft nur auf lauter Reifröcken, so sind nur
Reifrockliebhaber seine Kunden, und wenn Madame
Mode diesen Artikel capriciös außer Cours setzt, so
ist der gute Mann bankerott.

Kaufmann A. verkauft hingegen zur Zeit lauter
Schmucksachen; B. jedoch Delicatessen. Beide machen
ein zwar nicht übergroßes, aber ganz hübsches Geschäft,
weil sie ihre Waaren aus guten Quellen beziehen.
Wenn Herr B. aber, um auch den Profit A.'s zu
haben, plötzlich auch lauter Bijouterien, oder A. aus

demselben Grunde lauter Delicatessen verkauft und
seine alten Artikel in den Winkel stellt, — so wer=
den sie sich Beide, weil sie unsinnig concurriren, ihre
Kunden gegenseitig abjagen und keine neuen dafür
erhalten, sie sind ruinirt.

Da giebt es schließlich noch einen Kaufmann,
Herrn C., dem jeder weitergehende Blick fehlt, der
sich nicht fragt, was aus seinem Geschäft in Zukunft
werden soll, welchem Ziele er als Mann von kauf=
männischer Ehre, dem seine Firma Alles ist, entgegen=
führen wird, welcher nie von einer Woche zur andern,
von einem Tage zum andern speculirt, der Laune des
Publikums, der Tagesmode allein blind nachgeht, ohne
zu bedenken, daß jede unerwartete Conjunctur ihn
gefährden kann? Er wird zwar eine Weile Geld ver=
dienen, aber er ruinirt sein Geschäft und stirbt doch
als Bettler. Von diesen drei Arten sind aber fünf
Sechstel unsrer heutigen Bühnenverwaltungen.

Ein Theil unserer Directionen nämlich sind, wie
unser Reifrockverkäufer, Monopolisten. Das heißt:
sie werfen sich, durch einige gute Profite verführt,
auf ein bestimmtes Genre, Der auf die Posse, Jener
auf komische Opern, der Dritte auf Ausstattungs=
stücke. Diese leiert er denn so oft hintereinander ab,
wie es nur geht. Andere Sachen giebt er nur als
Flickmittel, bis er wieder eine neue Posse, komische

Oper u. s. w. hat, eine neue Walze auf den alten
Leierkasten. Der Thor! wenn er alle Tage im Jahre
nur sein Haus halb zu füllen im Stande wäre — im
Sommer vielleicht zum vierten Theil, im Winter zu
drei Vierteln; hätte er es aber vermöge intelligenter
Leitung immer nur halb voll — so profitirte er, nach
Abzug aller Kosten, immer noch mehr, als ihm zwei
Kassenstücke, und würde jedes hundertmal gegeben,
einbringen können. Das ist durch Z a h l e n zu bewei=
sen! Dazu erwäge man, daß sich der theatralische
Alleinhändler den größten Theil des Publikums ent=
fremdet, welcher ihm Nichts mehr zutraut, als die
längst abgetragene Jacke des Bajazzo, erwäge man,
wie sehr er von ernsten Zeit=Conjuncturen, von der
einseitigen Productionskraft seiner Possen= oder Aus=
stattungscomödien=Schreiber abhängt, daß sich sein
Personal verschlechtert bei solcher Holzhauerarbeit!
Was ist das Ende? Fallissement! Mindestens ein
unbeachtetes Krämerleben!

Dem Concurrenzmacher geht es nicht besser. Er
sieht nämlich nie darauf, was er leisten kann, sondern
nur, was Andere leisten. Sobald Director A. ein
Ballet, Director C. eine Italienische Oper, College
D. eine Zauberposse losläßt, hui, ist er auch dabei;
dann muß bei ihm sofort auch getanzt, Italienisch
fistulirt, in Feerie geschwelgt werden. Ob die Hälfte

seiner Leute dabei Monate lang für ihre Gage spazie=
ren geht, ob seine Localsoubrette die Adalgise singen
kann, ob er überhaupt für sein Unternehmen die
Kräfte hat, das ist ihm Alles gleich. Er meint, so
wie er nur concurrire, seien auch die Collegen ent=
sattelt, und die Reclame, die Soldschreiber ziehen
jauchzend in's schmutzige Treffen! Wir haben erlebt,
daß auf diese Art in derselben Stadt drei Italienische
Opern auf einmal grassirten, anderer eclatanter Fälle
nicht zu gedenken. Es liegt auf der Hand, daß diese
Art Concurrenz der kürzeste Weg ist, sich gegenseitig
zu ruiniren, so daß schließlich Keiner Etwas hat; der
kürzeste Weg, das Publikum, dem von allen Seiten
dasselbe geboten worden, durch die Uebersättigung den
Theaterbesuch ganz und gar zu verleiden.

Der Dritte im Bunde ist der Speculant des
Augenblicks. Ihm fällt nicht ein, irgend ein Genre
wie der Reifrockcollege zu seinem Monopol zu machen,
er will allseitig sein; auch fällt ihm nicht ein, wie
College A. und B. Concurrenz zu machen und nach=
zuäffen, er will eben machen, was kein Anderer kann,
will Allen so zu sagen den Wind abgewinnen! Ohne
zu ahnen, wohin sein schwindelnder Pfad führt, liegt
er stets auf der Lauer nach außergewöhnlichem
Neuen. Was in Paris und London, oder sonst wo,
Monströses sich in der Theatersphäre regt, das wird

aufgegabelt, mag es nun eine neue Französische Oper,
ein Englischer Jongleur, eine Spanische Tänzerin,
ein Deutscher Wandermime sein, der mit Trompeten-
schrei durch die Städte zieht, oder sei es irgend sonst
eine tolle Idee des eignen Hirns, welche ihn bei gewissen Autoren Effectdramen, Ausstattungsposjen be-
stellen läßt, um das Licht seines Maschinisten leuch-
ten, die Schaulust grob sinnlicher Naturen befriedigen
zu lassen, oder aber sei es der Trieb, welcher ihn jäh
auf politische Conjuncturen, die Leidenschaften der
Zeit, die Tagestiraden speculiren läßt, um durch
Tendenzdramen seinen Beutel zu füllen; kurz, er ist
nicht der Mann der bleichen Furcht, er macht Alles,
sobald er nur den nöthigen Credit hat, um malen,
schreiben und gastspielen zu lassen. Daß ein solches
Kraftgenie eine ganze Weile viel Geld verdienen, bei
glücklichem Griff und einer schlagfertigen Agilität sich
längere Zeit als Barnum seines Orts halten kann,
ist wohl möglich. Abgesehen davon, daß er aber gerade den entsittlichendsten Einfluß übt, weil er Alles
darstellt, was gefällt, und das sinnlich Grobe, Platte
stets leichter anspricht; abgesehen davon, daß er sein
Personal zu einer Equilibristenbande verwildern, im
Wesenlosen den individuellen Charakter verlieren läßt,
er wird mit der Zeit auch bemerken, daß seine Aus-
gaben doch die Einnahmen aufzehren, daß er den un-

erfättlichen Magen der vielköpfigen Menge, welchen
er ja an schaale, gehaltlose Kost gewöhnt hat, endlich
doch nicht mehr sättigen kann. Er muß sich wieder=
holen, und dann ist der Augenblick seines Sturzes
gekommen, der jäher ist, als der irgend eines anderen
Collegen, eines Sturzes, der unterm Gelächter ge=
rade der Menge vor sich geht, für die er sich in hirn=
lose Opfer stürzte. Wir haben in Deutschland diese
Beispiele schon öfter erlebt und werden sie noch ecla=
tanter erleben. Man denke sich einen einzigen Kriegs=
fall, wie ihn die alten Theater glücklich überstanden,
und keiner dieser besagten Bühnenlenker entgeht dem
Bettelstabe, tausend Schuldlose mit in sein Verderben
reißend.

Wie aber, wird man lächelnd fragen, wie soll
denn operirt werden? Du sagst: wir sollen eben so
gute Stücke und Darstellungen bieten wie Andere,
und tadelst die Concurrenz? Wir sollen nicht ein=
seitig sein, und wenn wir nach größter Mannigfaltig=
keit vor Anderen streben, schiltst du uns auch? Was
willst Du denn eigentlich? — Wenn ich einem Wuche=
rer sage „Sei doch kein Vampyr!" habe ich dann ge=
sagt: „Verschenke dein Vermögen!?" Was wird er
zu thun haben, die Achtung der Anderen zu erwerben?
Er wird von seinem Gelde Nutzen ziehen, ohne Andere
zu pressen, und wird von seinem Gelde Anderen helfen,

ohne sich zu ruiniren. Durch weises Maßhalten in allen Fällen wird er Zutrauen und Geld erwerben.

Wie soll ein Theaterdirector denn operiren, damit er einem vorzüglichen Kaufmann gleich sei, das meiste Geld mit der größten Ehre vereint erwerbe? Die erste Frage ist, worin überhaupt jede Operation eines Bühnenleiters besteht? — Im Repertoirmachen! Er mag thun, was er will, Alles läuft allein auf's Repertoirmachen hinaus. Für den Director giebt es nur Zweierlei: sein Theater, das welches Publikum anziehen soll, und das Publikum, welches gegen Bezahlung recht stark hinein gehen soll. Wenn er ein neues Stück giebt, thut er's etwa dem Autor, der Kunst zu Liebe? O Schwachheit! Er giebt es, weil er glaubt, damit viel Geld zu verdienen, es oft bei vollem Hause geben zu können! Das Oftgebenwollen beweist aber, daß er Mangel hat, daß seinem öden Repertoir aufgeholfen werden soll. — Wenn er einen neuen Künstler gastiren, ein junges Mitglied debütiren läßt, so heißt es entweder, daß sein Personal ohne Gäste nicht mehr zieht, oder daß sein Debütant eine Lücke in seinem Personal füllen soll. Personallücken, schlechtes Ensemble lassen aber ein interessantes, anziehendes Repertoir nicht zu. Folglich ist nicht das Drama, nicht der Schauspieler, nein, das Repertoir ist der letzte

Angelpunkt, um den sich das Bestehen eines Theaters dreht.

Die heutigen schlechten Repertoire sind es, welche vorzugsweise den Fluch des Verfalls unseres Theaters zu tragen haben. Ist doch das Repertoir recht eigentlich das Barometer und Thermometer für die ganze Beschaffenheit des theatralischen Horizonts. Der rothe Zettel heißt — Wolkenbruch!

Was ist nun ein schlechtes Repertoir, und wie wird ein gutes Repertoir beschaffen sein müssen? —

Mag man auch die Entréefähigkeit, den Gagenetat, die pecuniären Ergebnisse eines hundertmal gegebenen Zugstückes normiren, wie man will; so lange man nicht beweist, ein Director sei dreier kolossalen Kassenmagnete jährlich s i c h e r, wird man Nichts gegen mich bewiesen haben. Selbst wenn er jährlich zwei große Kassenstücke hätte, deren Beschaffung ihre bewußten Kosten machen, er kann doch kaum so viel einnehmen, als wenn er alle Tage sein Haus h a l b gefüllt hat. Hat er in einem Jahre nun auch zweimal ein solches Kassenglück, er hat es doch nicht immer; manchmal hat er eine durchschlagende Novität, noch öfter gar keine nennenswerthe!

Was ist ein Repertoir? Die geordnete Uebersicht der künftigen Leistungen einer Bühne binnen einer gewissen Zeit. Es liegt nahe, daß bei ihm die Z e i t das bestimmende Maß ist. Ein gutes Repertoir kann Nichts weiter heißen, als: weiser Gebrauch der Zeit bei den kommenden Leistungen einer Bühne. Die Zeit ist beim Repertoir das unbedingt Bestimmende, denn man hat Jahresrepertoire, Saisonrepertoire, Monats=, Wochen=, ja leider selbst Tagesrepertoire. Ein schlechtes Repertoir hingegen ist der Mißbrauch der Zeit bei Leistungen einer Bühne. — Wenn man nun die Handlungsweise des theatralischen Alleinhändlers, der ewig eine und dieselbe Piece abdrischt, dann die des Concurrenzmachers, der stets seinen Collegen nach= äfft, und die des Speculanten des Augenblicks betrach= tet, der um jeden Preis immer voraus mit Neuigkeiten sein will: so wird man bemerken, daß alle ihre Specu= lationen auf Zeit gehen, daß sie aber eben Alle un= zeitig speculiren.

Die Unklugheit des Monopolisten wird darin be= stehen, daß von Uebersicht seiner Leistungen binnen einer gewissen Zeit, also einem Repertoir gar nicht die Rede ist; er ist der Zeitlose, ewig Stabile, so lange er's nämlich aushalten kann.

Man wird sagen: „Du tadelst den Monopolisten; aber ist denn nicht klar, daß ein Stück, welches ge= fällt, so oft als möglich hintereinander gegeben werden muß? Wirst Du selber, wenn Du Autor eines solchen Stückes bist, es nicht am allerersten wünschen? "

Dies sieht wie eine recht kluge Falle aus! Aller=
dings muß ein solches Stück so oft als möglich ge=
geben werden, ja! Aber so oft als möglich hinter=
einander? Nein! Denn dieses Hintereinander, die
Abhetzerei beeinträchtigt eben jenes Sooftalsmöglich!
Abhetzen heißt rasch verbrauchen und dann wegwerfen.
Ein Stück, das die Kraft hat, 50 Mal hintereinander
gegeben zu werden, hat auch die Kraft 80 Mal über=
haupt gespielt zu werden, wenn man das Repertoir
darnach einrichtet. Nicht das rasch vergängliche
Ofthintereinander, sondern die bleibende Wieder=
holung ist der Wunsch des Dichters, muß die Klug=
heitsregel des Directors sein.

Ein anderer Einwurf wird der sein: „Du ver=
dammst bei dem Concurrenzmacher die Concurrenz,
und doch stellst Du Mannigfaltigkeit, Allseitigkeit als
Regel auf, und daß ein Director eben so gute und
vielfache Artikel habe wie sein College! Ist das kein
Widerspruch?“ — Nein! — Denn der Concurrenz=
macher macht eben dasselbe zu derselben Zeit, was er
seinen Collegen machen sieht, um ihn zu besiegen.
Der kluge Kaufmann aber setzt sich nur in den Stand,
stets dasselbe wie Andere leisten zu können, aber leistet
es nur, wenn seine Collegen das n i c h t machen, ihre
Mittel in dem Genre schwach, die seinen aber stark
sind. Das Nachäffen ist somit ganz ausgeschlossen.

Ein dritter Einwand wird sein: „Wie kommt es, daß Du den Speculanten des Augenblicks verwirfst, der danach trachtet, der Erste stets zu sein, der Neues vorführt? Muß nicht Neues vorgeführtwerden, wird nicht jeder Kaufmann darnach streben, der Erste und wo möglich der Einzige zu sein?" — Gewiß muß Neues vorgeführt werden, aber doch nicht alles Neue ohne Wahl und Geschmack! Neue Genres giebt es nicht auf dem Theater, sie werden sich ewig auf Trauer=, Schau= und Lustspiel, seriöse und Spiel= Oper, Ballet, Vaudeville und Posse beschränken. Innerhalb deren soll man das hervorragend neue Gute bringen; denn Solidität Dessen, was geboten wird, erhält jedes Kaufmanns Geschäft. Er wird ferner auch nicht alle Augenblicke Neues bringen, nur um etwas Neues, Ueberraschendes gebracht zu haben!

Worin besteht nun ein gutes Repertoir? —

Es giebt bekanntlich Jahres=, Saison=, Monats= und Wochenrepertoire. Das Tagesrepertoir ist keins, es ist nur die Manier: von einem Tage auf den andern zu bestimmen, wovon man morgen existiren soll, ein sicheres Symptom, daß es mit dem Theater zu Ende geht. Wie die Woche nach Tagen, der Monat nach Wochen, das Jahr nach Monaten ein= getheilt wird, so theilt man auch das betreffende Re= pertoir ein. Wie das Wochenrepertoir das engste,

empfindlichſte und durch die vielen Zufälligkeiten des
Theaterlebens am Leichteſten zerſtörbar iſt, ſo iſt
das Jahresrepertoir das weiteſte, und am Leichteſten
aufrecht zu erhalten. Daß es aber auch das wich=
tigſte iſt, fällt faſt keinem Director ein, und weil
Niemand recht daran denkt, ſich ein ſolches Jahres=
oder Saiſon=Repertoir zu machen, darum kommt
man auch mit dem Wochenrepertoir um ſo mehr in
Verlegenheit!

Wie richtet man alſo ein Jahresrepertoir ein?

Große Hoftheater, wie etwa Wien und Berlin,
ſind moraliſch verpflichtet, alle vierzehn Tage eine
Novität in irgend einem Genre zu geben, alſo 26 No=
vitäten jeder Art des Jahres. Kleine Hoftheater
etwa alle vier Wochen eine, alſo 12 Novitäten, große
Stadttheater werden ähnlichen Modus haben, ihr
Publikum zu befriedigen, mindeſtens mit einer Novi=
tät alle 3 Wochen, alſo jährlich mit 18, kleinere
Stadttheater etwas weniger. Daß damit wirklich
neue Stücke, alſo keine alten, neu einſtudirten, keine
Bearbeitungen und Ueberſetzungen zu verſtehen ſind,
liegt wohl auf der Hand. Dann hat jedes Theater
die heilige Verpflichtung (allerdings nicht immer das
Recht und die Erlaubniß), die klaſſiſchen Werke
unſerer großen Dichter im Andenken des Volks zu
erhalten, ihnen als den Vorbildern des guten Ge=

ſchmacks, als den Höhenpunkten der Kunſt ſtets den erſten Platz einzuräumen.

Wie ſteht es denn aber mit Wiederholung von Novitäten, neu einſtudirten Stücken und — genug! Ueber Wiederholungen entſcheidet nur der Erfolg. Sie ſind auf einem Jahres= oder Saiſonrepertoir nie in Anſchlag zu bringen, das wird Sache des Wochen= repertoirs allein ſein.

Nun ſind noch die Gaſtſpiele zu berückſichtigen. Es giebt dreierlei Gaſtſpiele: erſtens zum Zwecke etwaigen Engagements, um das Enſemble zu er= gänzen; zweitens um durch Gäſte Kaſſe zu machen, die man mit ſeinen Mitgliedern nicht mehr erzielt; drittens um dem Wunſch des Publikums, einen großen Künſtler zu ſehen, zu genügen. Die zweite Art iſt eine gemeinſchädliche, weil man mit dem momentanen Erfolge durch den Gaſt den ſicherſten Ruin ſeines Enſemble erreicht. Was den dritten Fall betrifft, ſo ſind die echten Künſtlergrößen bekanntlich nicht auf der Straße zu finden, ſie ſind immer ſelten, und man wird doch nur ſolche Phänomene gaſtiren laſſen, die wirkliche Größen, keine voyageurs dramatiques und Couliſſenvirtuoſen ſind, welche vom Gaſtiren leben, ſonſt verfiele man ja in den verderblichen zweiten Fall. Der erſte aber, wo man gaſtiren läßt, um zu engagiren, iſt der berechtigtſte, am Eheſten

vorkommende. Ueber ihn läßt sich kein genauer
Modus feststellen, da hier das locale Bedürfniß allein
entscheidet.

Endlich bleiben noch zu betrachten diejenigen
älteren Novitäten, welche sich dauernden Erfolg errungen und Anspruch haben auf Erhaltung im Repertoir. Die Zahl derselben ist verhältnißmäßig gar
nicht so gering und dürfte wohl leicht 24 Vorstellungen jährlich erreichen, eher mehr.

Was die poetische Gattung der Vorstellung betrifft, so ist es gewiß, daß das Publikum lieber öfter
lacht, als weint, man also dem komischen Genre ein
wenig mehr Raum, als dem ernsten geben muß, so
daß etwa zwei Drittel der Novitäten auf das Komische,
ein Drittel auf das Tragische kommen.

Ziehen wir auch das Ballet in Rechnung, so ist
Tanz an sich auf der Bühne am Meisten mit der
Oper verschwistert. Außer Berlin und Wien dürften
schon die Bühnen selten sein, welche vollständig ge-
tanzte Dramen, Ballets, mit Erfolg geben können.
Es ist ein sehr theures Vergnügen und wird nur von
einem Minimum des zahlenden Publikums, der
Aristokratie, goutirt. Der Tanz ist in's heitere Genre
zu rechnen, und 4 Balletnovitäten dürften jährlich
für das größte Theater übergenug sein.

Von Opern-Novitäten ist zu sagen, daß sie selten

sind, besonders Deutsche, also 4 Novitäten, von denen 2 der heroischen, 2 der Spieloper angehören, mit 12 sicheren Vorstellungen dürften alles zu Erwartende sein.

In Ansehung der Jahreszeit ist der Winter dem Theater günstiger, als der Sommer. Damit sind wir in's Saisonrepertoir gekommen, zu dem sich unwillkürlich jedes Jahresrepertoir gestalten wird.

Die gute Saison des Winters beginnt mit dem 1. September und endet mit April, sie hat 7 Monate, von denen September, October, November, Januar, Februar die besten, December und März die schlechtesten sind. Die schlimme Saison des Sommers dauert vom 1. April bis 1. September. Von ihr ist April der beste Monat. Das Theaterjahr hat somit 6 gute und 6 schlechte Monate, von denen in der Regel October, Januar und Februar sich am Ergiebigsten zeigen. Es wird in der Natur der Sache liegen, daß eine kluge Direction der ergiebigsten Zeit ihre besten Kräfte widme.

Diese in allgemeinen Zügen gegebene Einrichtung des Jahres= und Saisonrepertoirs sollte sich ganz von selbst aufnöthigen, sie wird auch wohl annäherungsweise geübt, aber unbewußt. Heut zu Tage, wo man eben keine Repertoire mehr macht, ist es dem Zufall anheimgegeben. Dieser Zufall ist aber der tödtliche Wurm im Bühnenleben. Das Theater ist ohnedies von tausend Zufälligkeiten heimgesucht, die es nicht immer bewältigen kann; es sollte doch also wenigstens zwei feste Stützpunkte haben für sein Bestehen: ein festes Repertoir und ein geschlossenes Ensemble. Ein derartiges Repertoir hat wie ein Schlachtplan, wie ein Bauriß seine festeste Eintheilung, seine innere Architektur, jene Mannigfaltigkeit bei der Einheit, welche ihm erlaubt, jedem Genre zu huldigen, ohne seine Kräfte zu überbürden oder zu lähmen. Es wird, sobald es nur mit Consequenz festgehalten wird, die sicherste Grundlage des Monats- und Wochenrepertoirs bilden.

Ob es durchführbar? — Freilich für ein Theater, das die Posse giebt, welchem Tragödie und seriöse Oper nicht verstattet oder nicht möglich ist, paßt dies Repertoir anscheinend nicht. Es paßt aber doch, sofern man an Stelle der Tragödie das Schauspiel, statt der seriösen Oper die Feerie, statt der Spieloper das Vaudeville, für Schauspiel Lustspiel und für Letzteres die Posse setzt. Wenn man nun aber acht Wochen Ferien hat, oder im Sommer gar nicht spielt? So fällt das Repertoir für diese Zeit, welches ohnedies im Sommer schwächer mit Novitäten, Klassikern u. s. w. besetzt ist, ganz weg. Nur diejenigen Theater werden sich anders einrichten müssen,

welche wie einige kleine mitteldeutsche Hoftheater nur
drei Mal die Woche überhaupt spielen. Diese werden
auf ihre drei Vorstellungen auch stets Trauerspiel,
Oper, Lustspiel in einer, Schauspiel, Spieloper, Posse
in der andern Woche folgen lassen, so daß alle vier=
zehn Tage dasselbe Genre wiederkehrt. Der Nutzen
eines so mannigfachen Repertoirs, wo jedes Genre
genau seinen Platz, jede Kunstform ihre ebenmäßige
Geltung hat, besteht nicht allein in seiner Mannig=
faltigkeit, welche stets das Publikum anreizt, sondern
noch mehr in seiner Ordnung. Diese Ordnung näm=
lich giebt dem Kunstfreund die Beruhigung, daß
er binnen einer gewissen Frist sein Lieblingsgenre,
seinen Klassiker u. s. w. sicher zu erwarten hat, daß
es nicht von der Laune des Directors abhängt, ob
man sehen darf, was man will, oder sehen muß, was
der Direction beliebt.

Das eigentliche Theaterpublikum, das intelligente
Gros der Bevölkerung, welches ein Institut erhält,
wird durch ein in der Mannigfaltigkeit einheitliches
Repertoir dauernd an die Bühne geknüpft, während
es jetzt systematisch zum Tempel hinaus gespielt wird.
Aber woher Alles nehmen, was auf solchem Repertoir
steht? — Nun, sollte man denn nicht jährlich an jeder
großen Bühne 12 klassische Vorstellungen in allen
Formen und Genres geben können? Man giebt

durchschnittlich jährlich sehr viel mehr klassische Vor=
stellungen, und wir sind zum Glück reich genug an
gutem Alten, um länger als zwei Jahre daran zu
zu haben, ehe wir mit Allem durch sind. Auch 24
neu einstudirte ältere Vorstellungen sind wohl heraus
zu bringen. Bieten doch die Deutschen Theater von
Goethe's Tod an bis heut eine reiche Blumenlese
ehrenwerther Dichtungen, welche verdienen, zeitweise
immer wieder gegeben zu werden. Freilich macht es
Arbeit, wenn sich der Director in seiner alten Biblio=
thek umsehen, die Theaterannalen nachschlagen soll,
aber der uralte Hesiod hat ja schon gesagt: „Nur für
Arbeit und Mühe verkaufen die Götter das Gute den
Sterblichen." Auf der faulen Bärenhaut zu liegen,
ist freilich bequemer, aber wahrlich nicht ehren=
voller.

Die Gastspiele lassen sich aber doch nicht fest=
stellen? — Nicht ganz, das ist gewiß. Man wird
sich dabei nach seiner localen Decke strecken müssen,
und der Bedarf ist nicht überall gleich. So viel in=
deß kann man feststellen, daß Gastspiele gegen Ende
der Wintersaison und in jene Zeit zu verlegen sind,
wo Urlaub und Engagementslosigkeit am Häufigsten
zu sein pflegen, also um Ostern herum.

Aber 24 Novitäten, auf die es besonders ankommt,
wie soll man sie immer vorherbestimmen? Und dann,

wenn man sie wirklich hat, wie soll man sie in den besetzten Wintermonaten ermöglichen? — Frage gegen Frage: sollte man denn nicht eine neue Tragödie neben einem klassischen Schauspiel und einem Lust= spiel in vier Wochen geben können, ohne die Mimen abzunutzen? Werden denn nicht jetzt die Schauspieler viel mehr ruinirt, weil sie ohne Wahl nach plötzlicher Laune und immer dasselbe in meist sehr engem Zirkel spielen müssen? Nicht das Oftspielen, sondern stets in derselben bunten Jacke gaukeln zu müssen, das ist ihr Elend! Denn ein Theil des Ensemble wird da= durch übermäßig angestrengt, und der andere geht dafür auf Directionskosten spazieren, um die Fähig= keit der Faulheit an sich zu cultiviren. Sechs neue Trauerspiele und zwölf heitere Piecen, also 3 Novi= täten in jedem Wintermonat, sind für das ehrgeizige Personal einer großen Bühne, das noch nicht bis zur Handwerkerei herabsank, wohl keine zu große Arbeit, zumal darunter nicht immer historische oder Stücke mit 20 Personen, nicht immer fünfactige Piecen, sondern eben recitirende Novitäten jeder Art, auch ein= und zweiactige zu verstehen sind, denn auf die Güte, nicht auf die Länge kommt es an.

Ob man aber so viel Novitäten immer hat? — Man hat sie voraussichtlich immer! Sehe man doch nur die Novitäten der letzten fünf oder acht Jahre an,

ob nicht das kleinste Theater mehr als 26 im Jahre
gegeben. Wo dies nicht geschah, da liegt es an dem
bisherigen, verwerflichen Modus, nach dem fast keine
Novität gegeben wird, sie sei denn erst durch großen
Kassenerfolg in Wien oder Berlin approbirt.

Hat denn aber eine Novität stets Erfolg? Den
muß eben jeder Director der Welt abwarten: denn
für ihn giebt es kein Recept. Aber ein Mittel, aus
jeder Novität das Gute an's Licht zu ziehen, giebt es,
es besteht ganz einfach in der Regel: Wirf Nichts zu
hastig über Bord, was nicht gleich Tausende bringt,
und peitsche nicht den Erfolg zu Tode! Bei Annahme
einer Novität giebt die poetische Würdigkeit und
praktische Bühnenwirksamkeit allein den Prüfstein
ab, und das muß Jeder verstehen, der ein Dramaturg,
ein Director sein will. Um blos nachzuäffen, um
sich von Anderen in's Schlepptau nehmen zu lassen,
kann man auch einen Leineweber zum Theaterleiter
machen. Hat ein Director Geist genug, nach Würdigkeit zu entscheiden, Klugheit genug, sich mit be-
kannten Autoren in Verbindung zu setzen, wenn er
überhaupt nur den schlimmsten Dämonen des Thea=
ters, der Hexe: „Willkür" und dem Kobold: „Zufall"
gründlich entsagt, dann wird er wohl auch die Novi=
täten besitzen, durch welche Frische und Mannigfaltig=
keit in's Repertoir, Anregung in's Publikum kommen,

jener echte Theaterdrang, der sich nicht auf platte
Neugier, laxe Unterhaltungssucht gründet, sondern
auf den sittlichen Trieb, auf das ethische Vergnügen,
sich durch wohlthätige Erschütterung und Reinigung
auf komischem oder tragischem Wege für's bürgerliche
Leben zu stärken.

Ein Director, der den Verstand und Fleiß hat,
ein Repertoir, wie das angedeutete, zu hegen und zu
pflegen, der nach bestimmten Principien speculirt und
dirigirt, ein solcher wird nicht nur der beste Kaufmann, sondern auch das erste Directionstalent, der
wahre „Musterdirector" seiner Zeit sein. Und alle
Tage im Jahre wird ihm sein Kassenabschluß, der
Beifall des Publikums zeigen, daß er das beste Geschäft macht, wird ihm und aller Welt die alte Wahrheit auf's Neue bestätigen, daß das edelste Kunststreben zugleich immer das Profitabelste ist, wenn
man es eben immer mit Kunstverstand, rechtem Sinn
und beharrlicher Arbeitskraft zu bethätigen weiß.
Freilich wer blos den Director spielt, wird nun
und nimmermehr einen anhaltenden Treffer in der
Bühnenkunst haben. Wirft ihm der Zufall, auf den
er seine Sache setzt, aus der Tageslotterie des Theaters auch wirklich einmal einen Hauptgewinn in den
Schooß — es heißt schließlich doch: Wie gewonnen,
so zerronnen! —

*